モスフードサービス 会長兼社長
櫻田厚

モスバーガー流
結果を出す
リーダーの習慣

日経BP社

はじめに

「飲食店で働くということは、素晴らしいことなんだよ」――。

創業間もない頃、当社の創業者で叔父でもある櫻田慧《さくらださとし》に、そう言われたことがあります。当時、広告会社で働いていた21歳の私はその真意が分からず、「高校時代に働いていましたよ」などと答えていました。そんな私に櫻田は続けて、こう教えてくれました。

「この仕事で働くと、例えば、ハンバーガーの作り方とか、礼儀作法とか、今まで知らなかった色々なことを学ぶことができる。何かを学ぶときは普通、お金が掛かる。でも、飲食店で学べば無料だよ」

高校を卒業して外食業界に入らなかった私を、櫻田は自分の店で働いてみないかと誘ってくれて、飲食店で働く魅力を説明してくれていたのです。

さらに、こう続けてきました。

「自分が作ったハンバーガーを食べたお客様から、時には『ありがとう』とか、『おいしかった』とか感謝の言葉まで頂ける。喜ばれたうえに、報酬ももらえるのだから、もう良いことばかりだよね」

私は高校2年生のときに父親を亡くした後、高校に通いながら飲食店でアルバイトをしていました。その店で働く方々が人間的にも素晴らしく、飲食店で働くことに好印象を持っていました。それもあって、私は「モスバーガー」で働くことを決めました。

お金がもらえるだけでなく、それ以上の価値がある仕事だという櫻田の指摘は、その通りでした。私は人が働く目的の1つは人間的に成長するためだと思っていますが、飲食店の店長はスタッフに人間的な成長の機会を与えられます。多くのお客様に愛され続け、スタッフの方々にもずっと働き続けてもらうために何が必要かを現場での経験が教えてくれました。

本書は私が引き受けた「日経レストラン」の連載をまとめたものです。飲食店の経営者や店長向けに僭越ながら私が考えるリーダーのあるべき姿について、自戒の念も込めながらメッセージをお伝えしてきたつもりです。

飲食店の経営者や店長たちにとって最も大切なことの1つは、一緒に働く仲間を励まし、いつも前向きな気持ちで働いてもらうことです。でも、それは業種や仕事の内容を問わず、1人でも部下を持つすべてのビジネスパーソンにとって求められる「リーダーの役割」です。

同時にリーダーは周りから慕われ、力を貸してもらえる存在であり、上司に対しても部下に対しても、何かを提案したら真剣に聞いてもらえる人間関係を築く必要があります。

つまり、仕事をうまくこなすうえでは「人柄」が最重要であるということです。そして、仮に今は自分の実力や誠意を上司や同僚、あるいは部下から認められていなかったとしても、心配は不要です。慕われる人柄には努力でなれるからです。

この本では周囲と良い人間関係を作り、自らの実力を最大限に発揮するために必要な「結果を出すリーダーの習慣」を大きく「慕われる人になるには」「良いチームの作り方」「結果を出すために大切なこと」の3つに分けて解説しています。それぞれ意識していただくと周囲の人間関係や仕事の結果が良い方向に変わっていく「習慣」を紹介しているので、ぜひ実践してみてください。本書が少しでも皆様のお役に立てば、これ以上の喜びはありません。

2015年8月　櫻田 厚

目次

第2章
良いチームの作り方

第3章

結果を出すために大切なこと

第1章 慕われる人になるには

人と仲良くなるにはコツがある

周囲からもよく言われるのですが、私は人と仲良くなることが結構、得意な方だと思っています。

店長時代にもありがたいことに街の皆様にかわいがっていただきましたし、後にＳＶ（スーパーバイザー）として「モスバーガー」の加盟店のオーナーの方々に助言・指導をする立場になってからも、比較的スムーズにオーナーの方々に受け入れていただき、本音で話ができる関係を作れていたと思います。

では、なぜそれが苦も無くできたのかと考えてみると、一つ言えることは、自分の過去の失敗談を積極的に話すようにしていることが、良い方向に働いていたようです。

過去の失敗談といっても、聞いている相手が深刻な気持ちになるような重い話ではありません。ちょっとした思い出話みたいなものです。

例えば、小学生の頃に隣の席の女の子が消しゴムを忘れてきて、親切心から自分の消しゴムを貸してあげようとしたのに、なぜか「櫻田君のだけは使いたくない」と言われてしまった（笑）。

何でそんなことを言うんだろうとその時は思いましたが、後から考えてみると、貸す側の自分の口調が今でいう〝上から目線〟だったのかもしれない。もっと、困っている人を助けたいという気持ちが伝わる話し方をしていれば、すんなりと消しゴムを使ってくれたのではないだろうか。そうした経験から、何かを貸すような場合には、恩着せがましくない話し方を心掛けるようになりましたといった話です。

昔の失敗談を話すと、人は多かれ少なかれ同じような経験をしているものですから、初対面の相手でも親近感を持ってもらえるようです。心のガードというか、警戒心みたいなものがほどけて、懐を開くようになるためです。

同僚のＳＶで、加盟店を非常に熱心ではあるのですが、細かい部分まで厳しく指導する人がいました。このため、担当するオーナーの方々からは「気難しい人」だと、ある意味で警戒されていました。

ところが、たまたま私とその同僚とオーナーの方々でお酒を飲む機会があり、その席で同僚の彼が「先日、アポイントの時間から1時間も遅刻して先方にあきれられてしまった」という失敗談を話しました。すると、オーナーの方々は「あなたでも、そんなミスをするのですね」と驚くと同時に、一気に彼と打ち解けていったのです。自分の失敗談を人に話すと相手から、軽く見られるのではと思う人もいるかもしれませんが、私の経験からはその心配は無用です。

取り組むべき仕事をきちんとこなしているなら、逆にいい意味での「ギャップ」を与え、「この人は頼りになるな」と信頼感を高める効果もあります。

同時に誰かの失敗談を面白おかしく話すのではなく、自分の失敗をさらけ出し、目の前の人と仲良くなるための話のネタとして提供するという姿勢は、誠実さを感じさせるという側面もあるのだと思います。

自分を知ってもらうことの大切さという意味では、当社創業メンバーの1人で専務を務めた吉野祥さんからは本当に多くのことを学びました。

当時31歳だった吉野さんが東京・成増で店の立地を探すことになったときのことです（後に私はここの店長になりました）。ちょうど創業間もない頃で、失敗は許されません。吉野さんは隅々まで成増周辺を歩き回って、商店街の裏手にあった青果店の倉庫に着目し、「ハンバーガーの店を開きたいので場所を貸してください」とお願いしたそうです。

一生懸命さは必ず相手に伝わる

好立地とまでは言えませんが、駅から近く候補の中では最も望ましい場所でした。しかし、青果店が倉庫として使っているので、当たり前ですが、すぐに断られてしまいます。普通はそこで諦めるものですが、そこからが吉野さんの真骨頂です。

なんと毎日、その青果店に通って頼まれもしないのに店を手伝ったそうです。忙しくなる時間に現れて野菜の積み下ろしや、店頭で通行客への「今日は○○がおいしいよ」といった呼び込みを買って出る。最初は店主ご夫婦も何しに来たんだと当然いぶかしく思うわけですが、毎日続けていると次第に吉野さんの一生懸命さが伝わったのでしょう。

何日かしたある日、ご夫婦からあらためて「何であの倉庫を借りたいの？」と聞かれたそうです。そこで吉野さんは創業者で前の会社では先輩だった櫻田慧と共においしいハンバーガーの店を出すために米国で修業をしたことから、それまでの経緯を順番に説明する機会を得ました。そして青果店を手伝い始めてから2週間後には、倉庫を貸してもらえることになったそうです。

吉野さんと同じことをしろと言うつもりはありませんが、相手に最初はどう思われようと、自分という人間を知ってもらうためにできる精一杯のことをする。その大切さを教えてくれる話だと思っています。

人に好かれる習慣 1

誰かと親しくなりたいなら
自分の失敗談を話すことがお薦め
相手に「自分を知ってもらいたい」
という想いを強く持つこと
その気持ちは相手に伝わります！

仕事で一番大切なのは「人柄」

会社という組織で働いている限り、上司の評価によって出世が早い人が出てきたり、なかなか出世できない人もいたりするというのは、ある意味、避けられないことだと思います。

では、どうすれば上司に自分の働きぶりを認めてもらえて、今より高い評価を得られるのかという話になるかと思うのですが、会社側の評価に対して、社員の側の選択肢は3つあるでしょう。

1つ目は「なぜ自分は評価されないのか?」と客観的に考えてみることです。もっと良くなれる部分や至らない点があるのなら、それを改める。つまり、「自分を変える」ということです。

2つ目は、何も変えずにそのままでいること。例えば、融通が利かないというのは真面目すぎるということだったり、リーダーシップは無いが目の前の仕事をコツコツこなすことは得意だったりといった形で、今は自分の短所として評価されていることが、別の仕事では長所に変わるということはあり得ます。その相性の良い仕事でスペシャリストを目指すというのも選択肢です。ただし、1つ目の選択肢に比べて、残念ながら評価はされないかもしれません。

そして最後は、会社を辞めて評価してもらえる職場に転職すること。自分が何も変わらずに、周囲に認められたいというなら、そうしてくれる別の会社を探すしかないと思います。

と、少し厳しい話をしていると感じるかもしれませんが、実は私自身も若い頃は「自分は正しい評価をされていないのではないか」とか「自分の方が仕事はできるのに、なぜあの人が上司で自分はその部下なのか」と多少、不満に思っていたことがあります。若気の至りといえば、それまでですが、今思えば、あまり建設的な考え方ではなかったと反省しています。

組織の中で、自分を誰かと比べる「相対評価」は精神的に負担になるだけではないでしょうか。そうではなく、自分を望ましい方向に変えることだけを意識する「絶対評価」の方が、仕事は楽しくなるはずです。そこで、自分をどう変えていくべきなのか。例えば、外食産業では現場のリーダーに当たる店長の場合、求められる能力は3つだと私は考えています。

1つめは店舗を運営するうえで必要な接客や調理スキルといった実務的な能力「オペレーション力」です。2つめが望ましい業績を目指す計数管理などの能力「マネジメント力」。ただし、この2つの能力は一定の水準を満たしていないと困るのですが、それを超えている場合は気を抜いたりしない限り、それほど意識しなくても差がつきにくい部分とも言えます。

一方、3つめに求められる能力で、実は店長にとって一番大切なのは「人柄」です。

店舗は店長1人で運営しているわけではなく、スタッフの皆さんやお客様に支えられているわけです。それはその地域の社会で商売をしているということでもあり、地域の方々から店長が慕われる存在にならないと、店にも愛着を持ってい

◎なぜ「人柄」が重要か

上司の評価に不満を持つのは
時間のムダ

評価してほしいなら
自分が変わるしかない

仕事には多くの人の**協力が必要**。
求められる能力の中で
一番大切なのは**「人柄」**

日々の努力で周囲に慕われる
「人柄」が培われる。
周りから好かれれば、
仕事も楽しくなり評価も高まる

ただけません。

では、どうすれば慕われるか？　そこで求められるのが、「人柄」というわけです。いつも笑顔でいることや、優しい表情をしていること。そしてじっくりと相手の話を聞くこと。そうした態度が、スタッフやお客様から信頼されるうえで、欠かせません。

それを、店内で意識するだけでは不十分です。店の中で笑顔で「いらっしゃいませ」と言うのは当たり前。店の外でも、駅から店まで歩いているときでさえ、穏やかさや誠実さが伝わってくるような立ち居振る舞いをする。そうしなければ、人柄の良さは周囲に伝わりません。

出世するほど「人柄」は重要になる

もちろん、お客様もスタッフも誰も見ていないところでは、気を抜いただらしない態度や雰囲気でも別に構いません。それは、個人の自由です。ただし、人の目があるところでは、常にそれを意識すべきです。

これが「人柄」という店長にとって一番大切な能力で、さらに会社組織の中で、店長より上に出世して何らかの役割を担うにしても、同じように「人柄」で周囲に信頼されることは大前提になってきます。

慕われる人柄でなければ、周りから力を貸してもらえないし、何かを提案してもそもそも真剣に聞いてもらえないでしょう。そう考えると、仕事をうまくこなすうえで「人柄」が最重要であることがはっきりと認識できるのではないでしょうか。

そこで、どうすれば魅力的な「人柄」になれるのか。大切なのは良い習慣を持って、自分を変えていくことだと思います。毎日、どんなに忙しくても、誠実な態度を意識して人に接する。店の中でも外でも、周囲の人たちの目があることを意識し続ける。こうした積み重ねで、今までは意識しないとできなかったことが自然にできるようになります。

話を戻せば、上司の評価も以前より高まるはずですし、周りも自分に好意的なのですから、仕事も楽しくなるはずです。

人に好かれる習慣 2

現場のリーダーには
「オペレーション力」「マネジメント力」「人柄」
の3つが求められる

最重要は「人柄」で、穏やかで誠実な態度を意識すること

仕事が楽しくなり、周囲の評価も高まる

リーダーに必要な「7つの習慣」

「モスバーガー」の店舗は国内に約1400店。一部、複数店を兼任している場合もあるかもしれませんが、直営・FC（フランチャイズ）を合わせて1400人くらいの店長がいることになります。

その現場のリーダーのみなさんに、いつも身に付けてほしいと話している「7つの習慣」について説明します。日々、意識することでリーダーとしての人間力が高まり、周囲との人間関係も良くなるはずです。もちろん、お客様からの評価も上がるはずです。

まず1つ目が、「ずば抜けた笑顔」を身に付けること。普通の笑顔ではダメで、誰が見ても、「何であの人はあんなにいつもニコニコしているんだ」と感心される笑顔です。それを目指しなさいと伝えています。

これはとても大切なことです。人が誰かに話しかけるときのことを考えれば、話しかけやすいのは笑顔の人に決まっています。だから笑顔の人の周りには自然と人が集まってくるわけです。

この人が集まってくるというのは、お客様はもちろんですが、スタッフたちに慕われるという意味でも当然、大切です。

心構えとしては、今の自分の笑顔は100点満点で言えば60点くらいだと思って、いつも100点の笑顔を目指すこと。

そして、あの人の笑顔はとても素晴らしい。自分はとても話しかけやすいと考える「理想の笑顔」ができる人を見つけてお手本にすることを薦めています。

テレビに登場するタレントでも、仕事の帰りに立ち寄るコンビニエンスストアでレジを打ってくれるスタッフさんでも、誰でもいいのです。いい笑顔だなって思う人を、まずは探してみてください。そして見つかったら、その人の笑顔を意識して、笑顔を作ってみることです。

何もそこまでしなくても、と思うかもしれません。しかし、普通の笑顔ではなく、「ずば抜けた笑顔」ですから、努力しなければ身に付くものではありません。

おもいやる気持ちがやさしい表情作る

2つ目の大切な習慣は、「やさしい表情」をすることです。「顔は笑っているのに目は笑っていない」というのでは、親しみが持てないですよね。

「やさしい表情」をするには、当たり前ですが「やさしい心」を持つことです。では、やさしい心とは何かと言えば、相手をおもいやる気持ちを常に持つということ。相手の立場で物事を考えるということですね。逆に言えば、自分のことばかり考えていると周囲の人から慕われませんからリーダーにふさわしくないということです。

しかし、外食産業なら店長ですが、あらゆる仕事でリーダーと呼ばれる人には収益面などで厳しい責任があり、いつも「やさしい表情」で部下に接する余裕はないという反論もあるかもしれません。

でも、それは「目的」と「目標」のどちらが大切かを勘違いしていると私は思います。目的というのは、何のために働くのかということですが、これはお客様のため、一緒に働く仲間を幸せにするため、地域に貢献するためです。いわば、働く目的というのは人生の意義とイコールの最も大切なことです。つまり、仲間を幸せにすることは人生の目的の一つというわけです。

一方の目標とは予算を達成するという数値目標だったり、出世して給料を上げたりといった個人的な目標も含まれます。これは目的である素晴らしい人生を送るために働くという視点から見ると、そのための手段に過ぎないと分かるはずです。

つまり、数値目標は、目的を達成するための手段でしかないのですから、営業成績への悩みが仮にあったとしても、それを周囲と接するときに出していては、お客様や仲間や地域に喜ばれながら働くという人生の大切な目的を果たせないことが分かります。

どう考えても、目的の方が数値目標より大切なのですから、周囲のスタッフと接するときは、気持ちを切り替えるべきです。やさしい表情になって、何でも話し合える環境を作るようにしてください。口で言うほど簡単なことではないかもしれませんが、そうした努力が人生を豊かにするのは確かです。

「やさしい表情」を身に付ける上では、自分が人の顔を見るときにどんな表情の人と話しやすいかを考えてみることも大切です。

また、反面教師を見つけておくのも効果的です。ああいう態度はよくないと思う人を思い出して、同じ表情や態度、口調にならないように意識してみてください。

そして私が3つ目の習慣として身に付けてほしいと伝えているのは、人の話を「聴く力」です。強調しておきたいのは漢字で表すなら「聞く」ではなくて、「聴く」だということです。

ただ耳に言葉が入って来るのではなく、じっくりと相手の話を「聴く」こと。それが重要で、相手に「この人は私の話を熱心に聴いてくれる」と思ってもらえるようにすることです。そうすれば、スタッフは店長に何でも話してくれるようになるはずです。スタッフと円滑にコミュニケーションが取れる体制であれば、店の運営が楽になります。これは外食産業以外のどんな職場でも同じはずです。

なお、こちらが相手の話を真剣に聞いていることを分かってもらうためには、話を「聴く」ときの態度が重要になります。

テーブル越しに話をするなら、身を乗り出すようにして話をするといったことです。基本は何よりも相手の目を見て会話をすること。よくシャイだからと言って、伏し目がちだったり、人の目をあまり見ないで話したりする人がいますが、絶対にダメです。もちろん、性格は人ぞれぞれですが、相手の話を真剣に「聴く」気持ちがあれば、目を見て会話くらいはできるはずです。

自慢話に聞こえると助言は聞いてもらえない

4つ目の習慣として、「誠意を感じる話し方」を習得してほしいと伝えています。

では、どうすれば誠意を感じてもらえるかと言えば、相手の身になって話をするということに尽きると思っています。

「昔、オレはああした。こうした」と本人は助言をしているつもりでも、聞いている方には自慢話にしか受け取れない場合がよくあるでしょう。要は、相手の気持ちや立場を十分に考えて話していないから、自慢話にしかならないわけです。助言をするときは、単なる自慢話になっていないか、よく考えてから話す習慣は持ってほしいものです。

5つ目は少し毛色が変わりますが、「早起き」を勧めています。といっても、早朝に起きなさいというわけではなく、仕事を始める2時間前には起きなさいということです。

よく言われている話ですが、私も医者に「心と体のバランスが最適な状態で仕事をするためには、できればその2時間半前に起きること。それが難しければ2時間前には起きなさい」とアドバイスされ、それを店長たちにも伝えています。実際、私自身も出社の2時間前には起きていますが、出社時には頭もクリアになっていて、仕事もはかどります。

そして6つ目の習慣が「自分の苦手なことから逃げない」ことです。店長の仕事はたくさんあって、1つは店舗を運営する「オペレーション」です。その結果は数字を伴いますから、今度はそれを管理して、望ましい業績を目指す「マネジメント」が必要になります。

そして「モスバーガー」には、チェーンとしての理想があります。それを目指してもらうことも必要です。

当チェーンの経営理念は「人間貢献・社会貢献」。働く人それぞれの人格や個性を尊重しながら、お客様には「幸せ」をお届けし、地域社会から信頼される店を作るという意味です。それを具現化した「基本方針」には「『心のやすらぎ』『ほのぼのとした暖かさ』を感じて頂くために努力しよう」という一文もあります。

この理想を実現するには、スタッフ全員が共通の目標を持って、努力する姿勢が欠かせません。自分もスタッフも成長していく必要があるわけです。

「自分でやるのが一番早い」はダメな店長の口ぐせ

そのためにコーチングなどを通じて、スタッフに気付きを与えるといったことが求められるのです。ところが、そうしたことに苦手意識を持って取り組まない店長もいます。

お互いに成長する意識が大切で、私に言わせれば、「自分でやるのが一番早い」と言っている店長は、部下を育てていないダメな店長です。店長たちには必要な仕事は苦手意識を持たずに取り組むことの大切さを繰り返し伝えています。

そして最後の7つ目は、「メモを取る」ことを勧めています。やはり、手を動かして書いてみると何事も頭に入ってきやすいのです。

同時に、日常業務にも役立ちます。スタッフの話をメモを取りながら聞いているると、その真剣さが伝わるはずです。お客様から苦情を受けたときも、メモを取りながらご指摘をうかがえば、誠意が伝わりやすいものです。

人に好かれる習慣 3

①「ずば抜けた笑顔」
②「やさしい表情」
③「聴く力」
④「誠意を感じる話し方」
⑤「早起き」
⑥「自分の苦手なことから逃げない」
⑦「メモを取る」

以上の7つを日頃から意識することで周囲との人間関係は格段に良好なものになります

周囲の同僚は最高の先生

私がモスフードサービスの創業者・櫻田慧に誘われて、「モスバーガー」で働き始めるときに、「自分は何年くらいで店長になれるでしょうか？」と尋ねたことがあります。

櫻田の答えは「3年くらいじゃないか」というものでした。まだ20歳前後で血気盛んな私は「じゃあ、1年で店長になります」と宣言しました。

しかし、ただ「1年で店長になる」と言っただけでは意味がないことは当時から分かっています。普通は3年掛かる店長に、どうやって1年でなるか？　具体的な道筋を考える必要がありました。

そして仕事とは「(仕事の）量×質」ですから、私はまず普通の人の1・5倍の時間働くことにしました。

創業当時でしたので、自分の決意次第で長時間働くことが可能だったからです。長時間働けば、その分だけ仕事を覚えるのも早いと考えました。

もう一つの質の面では、店長に必要なスキルを高いレベルで身に付けられれば、人の2倍の働きができると考えました。

その結果、「1・5倍の仕事の量」×「2倍の質」で理論上、1年で普通に働いている人の3倍の仕事ができるわけです。1年で店長になることも、十分可能だという算段です。

では、どうやって質の面で2倍の成果を出すのか。それは、自分の周囲の人たちから色々なことを教えてもらうことです。

「モスバーガー」はハンバーガーショップですから、ハンバーガーを作る作業から、そのハンバーガーを包装紙に包む作業（パッカーと呼ぶ）、フロアでの接客など様々な仕事があります。

ちなみに、創業当時はソフトクリームも提供していましたから、製造装置から出てくるソフトクリームをコーンの上で形よく巻いていく作業を覚える必要もありました。

私は同じ店で働くスタッフたちの中で、それぞれの作業について一番上手だと感じた人にお願いして、教えを受けていきました。

例えば、ハンバーガーを包装紙で包む作業が店で一番早くて上手なスタッフは、お客様が包装紙を開いてハンバーガーを食べるときに一番おいしそうに見えるようにハンバーガーを包むことができました。そのコツの1つは、左手の人さし指と中指と薬指の動かし方にあるのですが、そうしたノウハウを教えてもらったのです。そして、自費で店からバンズや包装紙を購入し、家に帰ってからも練習しました。

具材のトマトはどうやって切るときれいに早く切れるかとか、どうすれば気持ちの良い接客ができるのかとか、店で一番それぞれの業務が上手な人は、必ず何らかのノウハウを持っています。それは周囲のスタッフのスキルとは歴然の差です。

それをこちらから、お願いして学ぶことで、自分の仕事のスキルを一気に高められる。それも、いろいろなスタッフからいいとこ取りをするのですから、仕事の質が大幅に向上するのも当然というわけです。

大切なのは学ぶ姿勢

よく仕事は自然に覚えるものだと考えている人がいますが、自分の周囲に仕事を教えてくれる先生がたくさんいるのに、その知恵を借りないことはもったいないことではないでしょうか。特に何か仕事に「夢」や「目標」を持っている場合には、なおさらで積極的に学ぶ姿勢は欠かせないでしょう。

結果として、私は店で働き始めてから10カ月で店長になれました。もちろん、今とは時代が違いますが、目標を設定する「プランニング」と、具体的に目標を達成するための手段を決める「プログラム」と、いつまでに何をするか締め切りを決める「スケジュール」の3つが大切なことは変わりません。

私の例で言えば、「早く店長になる」と決めたことがプランニング。人の1・5倍の時間働いたことと周囲の一番できるスタッフから仕事を教えてもらったこ

◎夢や目標を実現するには

漠然と仕事を頑張っていても成果にはつながらない

① プランニング
目標を設定する

② プログラム
目標を達成する手段を決める

③ スケジュール
目標達成の締め切りを決める

以上の3つを決めることが、仕事で成果を出すために欠かせないとがプログラム。「1年で店長になる」と心に決めたことがスケジュールに当たります。

会社でも店でも、組織には仕事の進捗状態を尋ねると「がんばります」としか答えないスタッフがいますが（笑）、それはダメです。いつまでに何をするかを決めて動かないと、夢や目標はいつまで経っても実現しません。

店長を目指してお店で頑張っている方も、あるいは既に店長として頑張っている方も、絶対に自分のためになるので、目標を達成するために「プランニング」「プログラム」「スケジュール」の3つを決めることを意識してみてください。

人に好かれる習慣 4

仕事とは「量×質」

周囲の同僚は「最高の先生」
それぞれの得意分野について
教えを請うことで
スキルは大幅に向上する

人として成長したければ素直な心を持とう

若い店長たちにはよく「謙虚で素直な人になりなさい」とアドバイスしています。

店長というのは、店の中では一番立場が上なので、勘違いする人がたまにいるからです。

周囲の人から謙虚だとか、素直な性格の人だと思ってもらった方が本人のためです。そうすれば、いろいろな場面で周囲が彼（彼女）のためならと色々と教えてくれて、力も貸してくれるはずです。

何も難しいことは考えなくてもよくて、誰かに何かを言われたときに、最初の返事は必ず「はい」にすること。「いや」とか「しかし」といった否定の意味合いがある言葉を使わないこと。意外に気が付かないものですが、これも周囲から信頼されるうえでの大切な知恵です。もちろん、「相手の言いなりになれ」と言っているわけではなくて、会話の最初の言葉を少し意識すればよいだけの話です。たった、それだけで随分と相手の印象も変わりますし、こちらの気持ちも前向きなものになるので、良い人間関係が作れます。職場が飲食店や小売店なら店で働く学生のスタッフたちにも教えてあげると、その人の将来のためになるかもしれませんね。そうした素直な心を持って、周囲から刺激を受けることで、自らを成長させることができるのだと私は思っています。

優れた異業種は気付きの宝庫

かくいう私自身が学びの対象にしているのは、高級ホテル「ザ・リッツ・カールトン」とテーマパーク「東京ディズニーランド」です。

創業理念や企業哲学が無い会社は多分、存在しないと思いますが、この2社はとりわけ創業の理念や企業哲学を大事にしていると感じるからです。同じく創業理念や企業哲学を大事にしている当社が学べる点は多いと思っています。

そのザ・リッツ・カールトンの元日本支社長で、『リッツ・カールトンが大切にする　サービスを超える瞬間』（かんき出版）の著者でもある高野登さんは個人的にも友人です。

その高野さんから聞いた話ですが、以前、ホテルのスタッフがある外国人客の客室に入ろうとしたところ「自分の許可もなくなぜ土足で部屋に入ってくるのか」と英語で凄く怒られたことがあるそうです。

ホテルですから室内に入るときに靴を履いているのは当たり前。変わった外国人だな？って考えるのが普通だと思いますよね（笑）。でも、この一件をきっかけに、自分たちが当たり前だと思っていることを不快に感じるお客様もいることを知って、部屋に入るときは靴を履いたまま入ることに了承を得るようにしたそうです。

ザ・リッツ・カールトンには「ルールはお客様が決める」という理念があるのですが、それを実践した良いケースだと思います。

私自身、家族と共に大阪のザ・リッツ・カールトンに泊まったときに、まだ幼かった子供が高熱を出してしまって、困ったことがあります。そのときにも、診療してくれる病院を見つけることも、クルマを手配することも全部、代わりに行ってくれて、本当に助かった経験があります。

ザ・リッツ・カールトンは、いわゆる富裕層を対象としたホテルです。宿泊代金は1泊5万円とか、普通に考えれば高い金額でも、そのサービスを金額に直すなら10万円以上の価値を富裕層に感じさせられるのだ、と私は解釈しています。素晴らしいサービスというのは、それだけの価値があるということ。こうした話を聞くと、異業種ですが私たちにも、まだまだやれることがあるのでは、と刺激を受けます。

「モスバーガー」の客単価は約900円ですが、「客単価2000円や3000円の価値を感じていただく方法があるかもしれない」と考えるようになったきっかけです。同業のファストフードだけを見ていたら、思いもよらない視点から物事を考えられるようになったわけです。

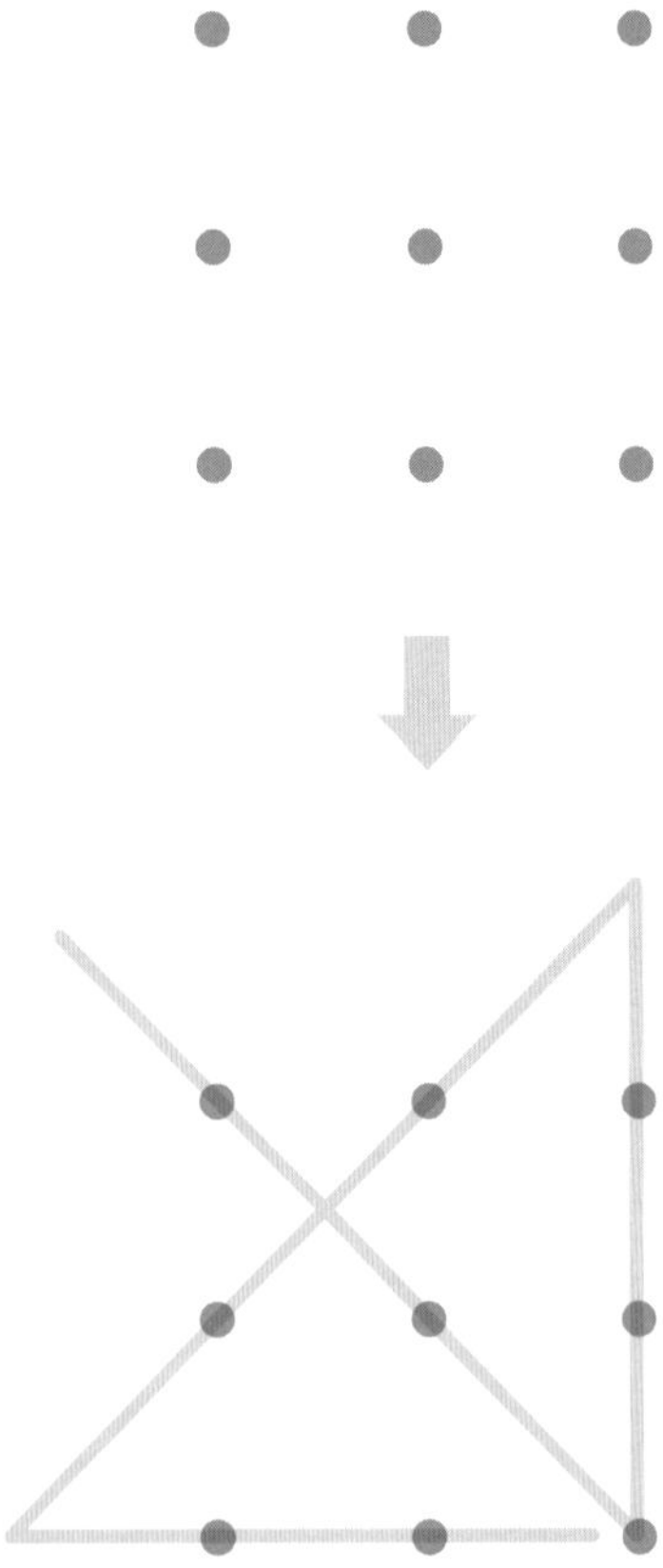

◎自分の殻をこわすには

既存の発想を超えるアイデアをひらめくには、謙虚に同業・異業種から学んで、以前の自分を超える経験を積むしかない。既存の常識にとらわれないことの大切さを示す例として、櫻田会長兼社長が高野登氏に教えてもらったのが、左の「ナインドット」。9つのドット（点）すべてを通るように一筆書きで、4本の直線を書くというもの。ドットにこだわらず、はみ出るように線を引くことで、条件をクリアできる。発想を変えることで、答えが見つかるというわけだ。

一方の「東京ディズニーランド」は、やはりホスピタリティーの心が素晴らしい。そこで働く誰もが人の喜ぶ顔を見たい、人を幸せにしたいと思っているのが伝わってきます。

例えば、カストーディアル（ディズニーランドの清掃スタッフのこと）にトイレの場所を尋ねれば、作業を止めて、トイレの近くまで案内をしてくれる。「トイレはこの先を右に曲がって、突き当たりです」といった説明をする飲食店は珍しくないですが、どちらがお客様に誠意が伝わるかは一目瞭然ですよね。私はディズニーランドを訪れる度に、業種は違えど、当チェーンでも参考にできることはないかと考えています。

無論、同じ飲食店でも悪立地にあるにもかかわらず、ずっとはやっている個人経営の店など、学べる部分がある店は、たくさんあります。業種を問わず、自分が興味を持った店を視察して、その良い部分を学ぶ。そして、自分の会社や店を良くするためのヒントを見つけてみてください。それが同時に、人間として成長することでもあると思っています。

人に好かれる習慣 5

誰かに何かを言われたときに、
最初の返事は必ず「はい」にすること
「いや」とか「しかし」は使わない
素直な気持ちで物事に接すると様々な刺激が受けられ
人間的に成長する
特に異業種から学べる新しい視点は参考になる

上司から信頼される部下になるための心得

仕事をうまく進めるうえで大切なのは、お互いの信頼関係です。それは上司と部下との関係でも同じです。せっかく毎日働くなら、信頼されて、より重要な役割を担った方が仕事は楽しい。そのためには、上司からの信頼が欠かせません。もちろん上司に媚びを売れというわけではありません。「イエスマン」という言葉がありますが、返事だけ調子がいい部下を上司は必要としていません。

では、必要とされる資質は何か？ 創業者の親族という立場ではありましたが、店舗で働く一社員から店長、本社の管理職を経て、経営者になった私の経験から言えることは、上司から信頼を得るうえで、まず大切なのはやはり「素直」であることだと思います。素直とは、相手の話に常に聞く耳を持っているという働くうえでの姿勢です。

では、逆に相手に自分の話を聞く気がないと感じさせるのは、何でしょうか。それは、繰り返しになりますが会話の導入部分で「いや」とか「しかし」とか「でも」といった、否定的な言葉を発してしまうことです。

確かに、上司の指示でもやりたくない仕事はあるかもしれません。でも、何か指示を与えるということは、必ず理由があるわけで、役立つアドバイスである場合も多いものです。その真意をきちんと読み取る努力をしてくれる人が、上司にとって頼りになる部下です。

もちろん、言われた通りにすればうまくできるとは限りませんが、少なくとも上司は部下にとって有益な話をしているつもりなのですから、きちんと最後まで話を聞いてほしいと思うものです。少し前にはやった言葉で言えば、「空気を読んでほしい」ということですね。

また少し違う方向からの例え話ですが、「明日、朝早く来てね」と言われたときに、「朝、早起きするのは嫌だな」という気持ちが顔に出る人と、「何か重要な相談事があるのでしょうか」という前向きな気持ちが表情に表れる人の2タイプがいれば、当然、頼りにされるのは後者です。

相手の言葉の真意を考える習慣を身に付ける

考えてみれば、何の用事もないのにわざわざ朝早く来てくれなどと言うはずもありません。

少し厳しい言い方かもしれませんが、言われたことを額面通りに受け止めるのは子供みたいなものです。子供は誰かに「バカ」と言われると、その言葉にストレートに反応し、ケンカになってしまうかもしれない。でも、大人同士で「バカだな」というときには、相手の一本気な部分をむしろ褒めている場合もある。

子供と大人に置き換えてみると、言葉を額面通りに解釈せず、その裏にある意図を読み取ることの大切さがあらためて分かるのではないでしょうか。

ちなみに、心配性の人の中には、上司から新しい課題を提示されると、達成できるかが不安なあまり、思わずネガティブな反応をする人もいるかもしれません。

しかし、何かに挑戦するときに最初からうまくできるとは限らないことくらいは、上司の側も分かっているはずです。分からないことや困ったことは相談するという姿勢が大切で、試行錯誤の中で良い知恵が浮かぶものです。取り組む前からネガティブな反応をするというのは、自分のためになりません。

前向きな気持ちで仕事に取り組むことが重要なのはもちろんですが、さらに、もう一つ、お互いがどんな人間かを正しく理解しておくことも大切です。

よく知っている人に頼みごとをされるときと、そうでもない人では印象がまるで違うと思います。まさにそれです。接する時間を長くして、お互いにどんな人間かを知ると、言葉の真意もお互いに分かるようになるはずです。

上司ともっと雑談すべき

ちなみに、私自身、お互いに気心の知れた存在でありたいと思っています。ですから、時間があるときは社内を巡回して、社員たちに声を掛けるようにしています。モスフードサービスの場合、社内結婚した2人が働き続けているケースも多いので夫婦とも知っている場合が多く、「奥さん、元気」といった話題でちょっとした雑談をしています。そんなとき、奥さんが風邪で寝込んでいると聞けば、早く帰るように伝えています。困ったときにはお互いの代わりを務められるのが組織であるべきだからです。

会議はたくさんの人を集めて結構な時間を使うのに、主に話をするのは2～3人という場合が少なくありません。一方の雑談は2～3人を相手に短時間かもしれませんが、いろいろな話をしていく。会議より、実は雑談の方が、社員が何を考えているかが分かります。

実際、会議中にアイデアが次々に出てくるという話はあまり聞きませんが、雑談の中で面白いアイデアが次々に浮かぶということは、珍しくないと思います。組織を活性化するという意味でも雑談はとても大切です。

人に好かれる習慣 6

上司からの信頼を得るには

◎「素直な気持ち」で話を聞く
◎「言葉の真意」を考える
◎接する時間を長くすることで「お互いを理解する」

以上の3つを意識するように心掛けるべき

人の話を聞かない困った上司への対処法

私は子供の頃から、人の話を真摯に聞くように親から教えられ、自分でも「素直さ」には自信があるのですが(笑)、それでも苦手なタイプはやはり存在します。それは独善的なタイプの人です。自分で何でも決めてしまって、人の意見を聞かない。もちろん、そうしたタイプの人が得意な人はあまりいないでしょうが、組織の中にいると、そうした人が自分の上司になってしまう場合もあります。

運悪くそうした事態になったときに、どうすべきか？

それを今回は私の経験も交えながら説明したいと思います。まず、どんな時でもそうですが、やはり大切なのは、相手とフェース・トゥ・フェースで対話する機会を意識して持つことです。

そのための手段が、私の場合、当時、苦手だった上司をスナックに連れ出すことでした。その上司は、下戸でお酒は少ししか飲めない人でした。でも、お酒は強くなくても、お酒を飲む場が嫌いというわけでもなく、私は積極的に飲みに誘ったというわけです。

スナックのママやスタッフたちは話のプロ。私の上司の話に付き合って、要所要所で盛り上げてくれるから、上司も気分が良くなるわけです。リラックスした状態だと、お互いに腹を割って話しやすくなります。

人間にとって、慣れ親しんだ場はスポーツに例えれば、「ホーム」であり、よく知らない場所は「アウェー」ではないでしょうか。

この時の私の上司にとって、職場や仕事の話は慣れ親しんだ「ホーム」。もともと、あまり人の話を聞かないタイプですから、「ホーム」では人の話を聞く気がありません。

しかし、お酒を飲み歩くというのは私の上司にとっては珍しい経験で、「アウェー」です。よく知らないのですから、どんな店に行くかとか、何を飲むべきかとか、そこでは私に意見を求めざるを得ないわけです。

そうした経験を繰り返すと、不思議なもので、最初は店選びくらいしか意見を求められなかったものが、仕事の面でも徐々に意見を聞いてもらえるようになりました。とりあえず、私の意見を聞いてみることが自分にとってプラスになる経験をすることで、聞く耳を持ってくれたということでしょう。

当たり前の話ですが、私は上司を飲みに誘えと言っているのではありません。食事でも共通の趣味でも、何でもよいので相手と面と向かってじっくり話す機会をできるだけたくさん作ること。それが大切です。

そうすれば、相手も人間ですから、次第に親近感を感じてきます。話を聞いてみよう、任せてみようという気になるものです。ソリが合わないから、できるだけ口も利かないといった態度を取るのは、自分の将来の可能性を狭めるだけで、本当にもったいない。相手の懐に飛び込んで信頼を得る方法を考えてみるべきです。少しずつでも成果を示せれば、徐々に任せてもらえる仕事の幅は増えていくはずです。

◎もしも、部下の意見を聞かない上司を持ったら？

①

フェース・トゥ・フェースで対話する機会を積極的に持つこと

⬇**相手の懐に飛び込もう**

②

一緒に行動する中で、役に立つ存在だと感じてもらう機会を作ろう

⬇**少しずつ意見を聞いてもらえる機会が増える**

③

上司がよりレベルの高い仕事に挑戦する手助けをするという意識を持とう

⬇**上司の仕事の一部を引き受けることは、自らの人間的成長につながる**

以上の3つに取り組むことで、

上司から**「頼られる存在」になることを目指す**べき

ところで、なぜ部下の意見を聞かず、何でも自分で決めたがる上司が存在するのでしょうか。それは上司の心の中に、保身の気持ちがあるからだと私は考えています。

競争を勝ち抜いて、責任ある地位に就いたわけですから、何らかの失敗でそれを失いたくないと考える気持ちは、分からないでもありません。しかし、そうした心理状態だと、上司自身も既存の仕事を抱え込み過ぎることになり、新しい事柄にチャレンジできない。実は本人のためにもならない。それに気付いてもらう必要があるのは確かです。

上司にとって頼りになる部下とは

課長なら部長の、部長なら役員の、そして役員なら経営トップが担当するワンランク上の難易度の高い仕事の一部を引き受けて、それに挑戦することで、今より人間的に成長したいと誰もが感じているはずです。結果として、それは組織内での出世にもつながってくるでしょう。

ですから、上司の仕事の一部を部下として引き受けて、既存業務の負担を減らしてあげることで、上司により難易度の高い仕事に挑戦する時間を作ってあげる。そう意識して動くことで、上司から頼りにされる存在になることができます。その結果、意見も聞いてもらえるでしょう。

私は店長時代に自ら志願してよく、加盟店の新規出店時に助っ人として、インストラクターなどの仕事を引き受けていました。これは店長の上司であるスーパーバイザーの仕事の一部でしたが、その代わりを務めたのです。上司も助かったと思いますが、私も店長より上の立場から仕事を考えられるとても良い経験ができました。

こうした発想で働くことが、あらゆるタイプの上司から信頼を得られ、自分自身の成長にもつながるはずです。

人に好かれる習慣 7

自分と合わないタイプの人が上司になった場合、
無益な衝突は避け、懐に飛び込んでみることが大切
対話の時間を作ることで、
自分を知ってもらい
上司にとって役立つ存在を目指すべき

自分の限界を勝手に決めるべきではない

人間にとって一番大切なこととは、「成長」することだと私は思っています。では、何が人間にとっての成長かと言えば、昨日までできなかったことが、今日はできるようになっているということではないでしょうか。子供の成長はまさにその典型で、できることが日に日に増えていきます。なぜ子供は成長するのか。それは、日々、新しい事柄に興味を持って、失敗を恐れずに挑戦し続けているからです。

しかし、なぜかある程度の年齢に達して大人になると、成長すること自体に興味を失っていく。新しいことに挑戦することへの意欲を失ってしまっている人も少なくないと感じます。

その原因をあらためて考えると、あらゆる事柄に対して「この程度でいいや」と自分の心の中で枠をはめてしまうために、新しいことに挑戦する意欲が失われてしまっているのではないかと感じます。何をどこまでするかということについての個人差は、挨拶ひとつとっても、かなりあります。

例えば、部屋に入ってきた上司や同僚が朝の挨拶をしたときに、その挨拶をしてくれた人のために席から立って丁寧に挨拶を返す人もいるし、座ったままだけど元気に挨拶を返す人もいる。また作業の手を止めず、会釈だけする人もいます。上司なのか部下なのか、相手の役職に応じて態度を変える人も中にはいるでしょう。挨拶という誰でも行う行為でさえ、人は自分なりの基準があって、どこまでするかは様々というわけです。

もっとも、元気よく挨拶をするということは、相手に対して心を開いていることを示す行為です。大変有益なコミュニケーションの手段ですから、私はそれをしないのはもったいないことだと思うのですが、それに気付く機会がない場合も残念ながらあるということでしょう。

では、大人になっても成長し続けるために何が必要なのかと言えば、やはり、色々な物事に興味や好奇心を持ち続けるということだと思います。日々の仕事に追われて忙しいと感じている場合、その余裕がないと思うかもしれませんが、それは誤解です。

例えば、社外の研修に参加する機会を得たときに、若いうちは特にそうですが、講師の方の話を「あまり面白くなかった」「役に立たなかった」と決めつけてしまう場合が少なくありません。でも、これは非常にもったいない話です。

ひょっとしたら話の展開とか、口調が単調で退屈に感じたのかもしれませんが、講演の内容自体には何らかの仕事に役立つヒントがたくさんある場合も多いものです。座学の研修はいつも退屈だから、今回も退屈に違いないと決めつけてしまうか、何か1つでも学んで帰ろうと思って聞いているかで、自ずと得られるものも変わってきます。

日常会話でもそうです。例えば、同僚が手帳を手に持っていたとします。何の関心も持とうとしなければそれだけのことですが、手帳の柄やロゴマークについて、なぜそれを選んだのか尋ねれば、話題が広がっていくはずです。あるいは、その会話の中から、手帳の賢い使い方が分かれば、スケジュール管理が今までよりうまくできるようになるかもしれません。

成長の機会はどこにでもある

いろいろな事象に興味を持つことで、刺激を受けて、自分の考え方が変わっていく。そういった形で、成長する機会は日常生活や仕事の中にたくさんあるはずです。そして、私は働くことの大切な目的の一つは、人間として成長するためだと思っています。

ですから、新しいことに対する「挑戦」や、今よりより良くなろうという「成長」への意欲を失っている部下を見つけたら、その考えを改めるように助言することもリーダーの仕事だと思っています。

成長への意欲を失っている人たちも、今より楽しく仕事をして、より良い人生を送りたいと思っているはずです。今の自分を変えたいという言葉や気持ちを引き出して、それをサポートをすることは、それぞれの現場のリーダーにしかできない大切な役割だと思っています。第2章では、部下のやる気や能力を引き出すチーム作りのポイントを解説したいと思います。

人に好かれる習慣 8

「成長」とは、
新しい知識やスキルを身に付けていくこと
日常生活や仕事の中に学びの機会はいくらでもある
様々なことに興味や好奇心を持つことで
刺激を受けることを意識しよう

特別付録 1

歴史に学ぶ「モスバーガー」の強さ

文＝原 武雄

Part 1

「モスバーガー」誕生

「モスバーガー」の創業は1972年3月。東京・成増に店舗をオープンしてスタートした。そのきっかけとなったのは、前年7月のマクドナルド日本第1号店のオープンだった。

櫻田慧をはじめとするモスフードサービスの創業メンバー3人は元証券会社社員。71年に脱サラして皮革販売会社を経営していた。だが皮革販売業は、当面の食い扶持を稼ぐためにはじめただけ。櫻田たちは会社設立に当たって、事業方針を次のように考えていた。

①粗利の低いものはしない
②流行に左右されるものはしない

③手形商売はしない
④在庫を多く持つ商売はしない
⑤大きな投下資本がいるものはしない

などだ。

これらから導き出される「解」は飲食業を始めること。櫻田の頭の中には、この時点でまだ当時日本になかった「ハンバーガー」があった。

櫻田は証券会社社員時代の60年から62年にかけて、米ロサンゼルスに赴任しており、そこでハンバーガーと出会っていた。当時、すでに日本には洋食化の波が押し寄せ始めていて、櫻田は、「ハンバーガーもやがて日本に来るだろうな」とぼんやり思っていたのだ。それから9年後の、マクドナルドの日本上陸だった。

上陸当日、創業メンバーとともに、銀座にマクドナルドを見に行った櫻田は、「ハンバーガーをやるぞ！」と宣言した。洋食化が進むと同時に、気軽に外食を楽しむ米国流のライフスタイルも浸透すると予想し、ハンバーガーはビッグビジネスになると確信したのだ。

当然、他の企業も多数参入してくるだろう。しかし、おそらく他社はマクドナルドを手本にするはずだ。だが、「うちは日本と米国では風土が異なる。日本の風土に合った、オリジナルなハンバーガーを追求しよう」。櫻田はそう考えた。櫻田がイメージしていたのは、ロサンゼルス駐在時代に食べ歩いたハンバーガー店の中で、一番うまいと思った「トミーズ」という店のハンバーガーだった。メキシコ風のピリ辛チリソース味が特長だった。

もちろん、そのままでは日本では受け入れられない。日本人の舌に合うように、パティ（肉）、ソース、バンズ（パン）を一から開発した。

パティはアメリカ流の100％ビーフではなく、牛豚の合いびき肉に玉ねぎを混ぜた、家庭のハンバーグに近いものにした。ソースもケチャップではなく、ミートソースに。バンズも日本人が好むしっとりしたパンをつくった。

マクドナルド上陸から8カ月後。パティの上にみじん切りの玉ねぎを乗せてミートソースをかけ、その上にトマトのスライスを載せた日本流ハンバーガー、モスバーガーが完成した。

Part 2

創業の精神と躍進

創業から4カ月後の1972年7月、モス・フード・サービス(現・モスフードサービス)を設立。櫻田慧氏が社長に就任した。しかし、脱サラ組が始めたモスには、潤沢な資金などなかった。

出店資金が乏しく、いわゆる一等地には出店できない。創業の地の成増に3月にオープンした実験店は繁華街とはほど遠い、埼玉県に隣接する私鉄沿線の住宅地の駅前商店街。しかも店舗は商業ビルの地下1階の広さ2・8坪という物件。その店を引き継いだ形の駅前の路面店である成増1号店も、青果店の倉庫を借りた同じく店舗面積2・8坪の小さな店だった。その後も路地裏などの二等地、三等地に出店することしかできなかった。資金が乏しいため、多店舗化には当初からフランチャイズチェーン（FC）展開を柱に置いた。直営店を3店オープンした後の73年11月、FC1号店がオープンした。

モスが創業の精神として掲げたのは、「真心と笑顔のサービス」だった。『お店全体が善意に満ちあふれ、誰に接しても親切で優しく明るく朗らかで、キビキビした行動、清潔な店と人柄、そういうお店でありたい。「心のやすらぎ」「ほのぼのとした暖かさ」を感じて頂くために努力しよう。』と社員、スタッフ、フランチャイズ店オーナーに呼びかけた。

モスバーガーの特徴の1つは、お客の注文があってから調理を始める「アフターオーダー制」だ。作り置きはおいしさが半減するとの考えからだ。また、他店が値引き競争をしても、一切それに参加しないのもモスの特徴の1つだ。品質と味を守るには値引きはできない。モスは価格ではなく味で勝負する。これらはどちらも創業時から今も変わらない。

こうしたモスのスタイルは、お客の舌と心を着実につかんでいった。創業7年目の79年に100店舗を達成。86年には全国47都道府県すべてに出店した最初の外食チェーンとなった。

Part 3 ロングセラーを生み出す商品開発力

モスには、2015年で発売開始から43年になる「モスバーガー」、42年になる「テリヤキバーガー」、28年になる「ライスバーガー」など、現在も主力商品となっているロングセラー商品がいくつもある。

今や、どのハンバーガーチェーンでも販売されるテリヤキバーガーは、モスが大手チェーンで初めて発表したものだ。事業の発展には、モスバーガーに続く柱が不可欠と考えた櫻田は1973年、創業メンバーの一人と渡米。日系人が経営するあるレストランに立ち寄り、そこで食べた照り焼き味のハンバーガーに「これだ！」とひらめいた。すぐに開発にかかり、半年近くかけてテリヤキバーガーが完成。73年5月に発表し、大ヒットした。

ライスバーガーは80年代半ば、コメ余りに悩まされていた農林水産省から日本フードサービス協会を通じて依頼され、２年かけて開発したもの。87年12月に発売されたライスバーガーは、ごはんで「つくね肉*」を挟んだものだった。それまで利用者が少なかった中高年層にも受け、大ヒット商品となった。その後、具材に焼肉*、きんぴらなどが加わり、モスの代表的な商品となった。（*現在は終了）

こうして生まれたロングセラーの商品も、定期的に食材やソースなどの見直しを行っている。例えば、直近では２０１３年4月に、モスバーガーやテリヤキバーガーなどのパティとソースを6年ぶりに変更した。パティはそれまでの牛豚の合いびき肉から牛肉１００％に、ソースもそれぞれ刷新した。

モスの特長の１つに、たっぷり入ったレタス、トマト、キャベツなどの生野菜がある。生野菜はすべて、全国約３０００軒の協力農家から仕入れている。いずれも極力、農薬や化学肥料に頼らない方法で育てられた野菜で、各店では主な生野菜の生産地、生産者名などを明記。この、「安心・安全」への取り組みも、リピーターを増やし、ひいてはロングセラーを可能にしている理由といえるだろう。

Part 4
加盟店について

モスの国内店舗は、２０１５年６月現在１３９６店を数える。うち直営店は56店、ＦＣ店１３４０店と、ＦＣ店が96％を占める。

櫻田は証券会社の後輩2人を誘って脱サラしたとき、「同じ価値観を持った仲間とともに成長したい」との思いを強く持っていた。会社経営は心を１つにしなければ発展は望めない。経営に関わる人間は同じ価値観で結ばれていないとならない、と。

その思いはモスを設立してからも変わらない。価値観の共有は、本部スタッフだけでなく、ＦＣ店のオーナー経営者にも求めた。そのため、ＦＣ加盟希望者のなかで、価値観を共有できると判断した人だけにＦＣに加盟してもらった。

面接では加盟希望者に、

「辛い商売ですよ」

「なぜ飲食業を選んだのですか？」

「なぜモスを選んだのですか？」

などと釘を刺し、きつい質問を浴びせ、ありったけの思いを語らせる。

こうした面接が一次から四次まで。さらに既存ＦＣ店を訪問し、モス以外のＦＣ店の様子を見て回って、それぞれのレポートを提出させる。一次面接から加盟店契約まで、早くても半年以上かかる。応募者が３００人とすると、加盟できるのは５〜６人という狭き門だった。

一般的にＦＣは、本部との縦の結びつきは強くても、別個の法人であるＦＣ同士の横の結びつきは弱い。近隣のＦＣ同士だとライバル関係になることもあるためだ。しかし、モスは1980年、本部とFC、そしてFC同士が交流する場として「モスバーガー共栄会」を発足させた。

共栄会は全国20支部体制で、FC店オーナーたちが自主的に運営し、本部がサポートしている。定期的に勉強会や全国大会を開き、本部とFC同士が相互にコミュニケーションを取りながら信頼関係を育み、情報交換や相互啓発、モラルアップを目的として活動している。FC同士が交流を深めることで、モス全体の結束力が高まり、これがモスの競争力の高さにつながっている。

Part 5 輪を広げる

「同じ価値観を持った仲間とともに成長したい」という考えは、1998年12月に社長に就任した、櫻田慧氏の甥である現在の会長兼社長の櫻田厚にも受け継がれている。しかも櫻田は、ある意味では「仲間」の範囲を本部スタッフ、FCからさらに、お客、生産者などまで広げた。

モスでは、様々なステークホルダー（利害関係者）とのダイレクト・コミュニケーション（直接対話）が重要と考え、2011年からいろいろな場を設けている。モスと参加者が互いに意見を交わすことで、商品やサービスの向上を図るためだ。

そのひとつがモスバーガータウンミーティングだ。これは櫻田と役員が一緒に全国47都道府県を回り、地域の消費者の声を直接聞く対話集会だ。モスの考えをお客に伝えるとともに、お客からの意見・要望をダイレクトに聞ける貴重な場だ。「ベジテリヤキバーガー（肉を使用しないハンバーガー）」や、バンズの替わりにレタスを使った季節限定商品「モスの菜摘（なつみ）」の復活などは、タウンミーティングでの直接対話がきっかけで商品化されたものだ。

「HATAKEミーティング」はモスと、全国約3000の協力農家が、理念の共有を図りながら、互いに学び合うことを目的にしたもの。櫻田による農場視察と講演、生産者との意見交換会も行う。農場視察では栽培方法や収穫量、コスト面などについて櫻田が質問し、生産者からは野菜づくりへの思いが伝えられるなど、野菜にこだわるモスならではの集会となっている。

ほかにも櫻田が社員と交流を行う「ランチミーティング」、FCオーナーや店舗スタッフが協力農家を訪ね産地直送の野菜を使用した商品を販売する「産直野菜フェスタ」など、さまざまなダイレクト・コミュニケーションを行っている。

モスは1991年2月に台北市内に台湾1号店、93年5月にシンガポール1号店を出店して以来、海外展開にも力を入れている。特に2006年以降は、香港、タイ、インドネシア、中国、オーストラリア、韓国と矢継ぎ早に展開。15年6月現在、台湾240店、シンガポール28店、香港14店、タイ6店、インドネシア2店、中国20店、オーストラリア5店、韓国8店の計323店をオープン。日本のハンバーガーが、アジアで飛躍を始めている。

（文中敬称略）

第2章

良いチームの作り方

相手は変えられないが、自分は変われる

チームを運営するうえで、リーダーに一番求められていることは何か？――。まずは、それをお話ししたいと思います。

私たち「モスバーガー」の場合、良いお店を作るために大切だと思っていることの基本は「ホスピタリティー」「デリシャス」「クレンリネス（清潔さ）」の頭文字を取った「HDC」を追求することです。飲食店では、QSC（クオリティ、サービス、クレンリネス）という言葉が一般的ですが、それをまねても仕方がないと、創業から7年目の1979年に「モスバーガー」らしさを追求するために新たに考えられたキーワードが「HDC」でした。

今では珍しい言葉ではなくなりましたが、追求すべきサービスを「ホスピタリティー（＝おもてなし）」と34年も前に定義したのは、手前味噌かもしれませんが、

画期的だったと思います。「丹精を込めて作る」という言葉がありますが、同じ具材の入ったハンバーガーでも、機械的にさっさと作るのと、最適な温度を手のひらだけでなく、あたかも五感で感じながら丁寧に作ったものとでは、全く味が違うのです。

こうした気持ちが「ＨＤＣ」という言葉には込められているのですが、それを店の現場で浸透させることが、店長の仕事になります。しかし、理念を頭で分からせるのと、実践させるというのは、当然ながら似て非なるものです。

どんなに一生懸命、店の従業員たちにＨＤＣのために必要なことを教えたとしても、店長と一緒に働きたいと思ってもらえないと意味がありません。結局、人間も動物です。この人は自分の味方だ。何となく人間として好きだから、一緒に働きたい。そう思ってもらえないとダメなわけで、人に好かれるということは、明らかに店長に必要な能力です。

もっとも、「人に好かれる」タイプではないと自分では思っている人でも、考え方さえ変えられれば、店長に必要な「人望」は身に付けられます。

例えば、テークアウトのお客様から、注文したフライドポテトの入れ忘れがあったと、ご指摘を受けたとしましょう。

「すぐにお届けします」と謝った後に、「入れ忘れたのは誰だ！」と考えてしまってはダメです。そうではなく、「アルバイトさんが商品を紙袋に入れるときに、見てあげられていたらよかった」。

そんなふうに、あらゆる問題を自分が変わることで解決しようと考えることです。もともとそうした考え方をしていないならば、考え方を切り替えることが、店長としての「人望」につながります。

本当の問題は自分であると考える

考え方を変えてもらうために、私がよく行うのは、質問を次々にすることです。例えば、「アルバイトがすぐ辞めるので、人手が足りない」と悩む店長がいたとすれば、私は「どうして辞めるの？」と、まず聞きます。

すると、何らかの回答が返ってきますが、その回答に沿って、大学生アルバイトが辞めるのか、高校生アルバイトが辞めるのか、あるいは女性がよく辞めるのかといった追加質問をすることで、何が問題なのかを深掘りしていきます。

質問を繰り返していくと、不思議なもので回答者は自分が問題の発生原因を、自分以外のものにあると決めつけていることに気付いていきます。最初は次々に辞めていく無責任なアルバイトたちに腹を立てていたのが、よくよく考えてみれば、辞めてしまうアルバイトたちの気持ちを自分は本気で考えていたのかと、いくつめかの質問で自ずと気付くというわけです。

私の経験では、ある問題に困っている部下に、なぜそれが問題なのか質問を30～40回くらい繰り返して、深掘りしていくと、問題を他人のせいにして、自分ができることにまだ取り組んでいないことに、気が付いてもらえます。

かくいう私も課長時代に、上司の部長と意見が対立したことがありました。甥という立場の気安さから、その部長への不満を、創業者に伝えたのですが、逆に「5回、6回と話しても分かってもらえないなら、100回。それでもダメなら200回話せ」と叱られました。それを転機に、自分から歩み寄って、ソリの合わなかった部長を飲みに誘うなどして、じっくりと話し合うことで、その部長との信頼関係が生まれ、仕事も随分とやり易くなりました。

相手や環境を変えることはできないけれど、自分が変われば、店はもっと良くなる。そう考えることが良いリーダーになる条件であり、良いチームを作る第一歩だと考えています。

チームの心を1つにする習慣 1

何か問題が発生した時は
その原因を他人に求めず、
自分にもっとできることが無かったかと
考えてみること
他人は変えられないから、自分が変わる
という発想は問題解決の可能性を高める

人材育成とは忍耐である

人間は今の自分より成長したいと考えている人がほとんどだと思います。ですからリーダーの仕事というのも、そうしたスタッフたちの気持ちの邪魔をしないこと。成長できるように助けたり、時には引っ張り上げたりするような気持ちで、成長する機会を与えることが大切だということになります。

では、何がその人にとっての成長なのか？　分かりやすいのは、「昨日までできなかったことが、今日できるようになっていること」ではないでしょうか。でも、なかにはまだ若いのに成長する意欲を失っている人もいる。もったいない話です。その人たちの気持ちを前向きにすることは、リーダーにしかできない仕事です。

やる気を失っている人というのは、その人なりの理由があるはずで、まずはその言い分を聞いてあげる。そのうえで、「今のままの自分でいいの？」と問いかけてみてください。きっと「嫌です」と答えるはずで、そうやって今の自分を変えたいという言葉や気持ちを引き出すまで、いろいろと問答をしてあげることが大切です。

そうした自分の本当の気持ちに気付かせるという意味で、次々に「なぜそう思うの？」と問いかけるコーチングの手法は役に立ちます。

私たちの店で働くスタッフは高校生から大学生、主婦の方までいて、人生の背景や今後の夢まで様々です。コーチングのような手法で、心の奥にある本音も理解して、コミュニケーションを取れる店長でなければ、スタッフが定着しないし、育ちもしません。

スタッフに成功体験をさせる

例えば、お客様がコップにお水をご要望の場合、氷入りのお水を提供することになっていますが、実は薬を飲むためにお水が必要なのかもしれない。そこで機転を利かせてお客様に氷抜きのお水を提供できれば、きっと喜んでいただけるはずです。

そうしたマニュアルを超えたサービスが自分でできたときに、スタッフは成長を実感できるはず。店長がそうした考える接客をする機会を与えなければ人は育ちません。

いつも店長が新人スタッフの教育に追われている店もありますが、そうした店は、店長だけが頑張っている組織になっているのです。店長自身は、自分が四番でエースみたいな気持ちで、本人なりには頑張っているのでしょうが、1人の力というのは、やはり限界がある。結局、お客様に迷惑を掛けていることに気付かなければいけません。

私に言わせれば、そうした店長は「ダメな店長」であり、もっと仕事を仲間のスタッフに任せられるようにしなければいけません。逆に言えば、人に仕事を任せるのがうまい店長が「優秀な店長」です。

なお、仕事を人に任せるコツは、あえて半分見ないようにすることです。一度任せたのだから、大事なところは押さえるけど、あまり細かく口を出さないことです。

最初は「なんでこんなことも気付かないのか」とかグチを言いたくもなるかもしれませんが、じっと我慢する。何か問題があったら、その問題点に自分で気が付くまでコーチングを繰り返す覚悟が必要です。

そうやって我慢をしていると、スタッフは徐々に一人前になっていくもので、ある日、その成長ぶりに、こちらが目を見張るといったことも、よくあることです。大切なのは、人を育てるには、大変な忍耐力が必要だということ。それを自覚し、焦らずに根気よく取り組むことです。それを忘れないでください。

みんなで頑張ったから今がある

当チェーンは全国におよそ1400店舗あり、そのほとんどがFC（フランチャイズチェーン）店です。そのため約450人のオーナーがいますが、そうした方々を見ていても、人に任せるのが上手なオーナーの方が、経営も順調です。

ちなみに、1970年代の創業期からしばらくの間、モスバーガーは路地裏など二等立地、三等立地に好んで出店する戦略を取っているなどとメディアでは言われていましたが、本当は少し違います。脱サラして店を始めるオーナーの方々の資金力では、黙っていても人が集まる一等立地では不動産価格が高すぎて出店できなかったというのが実情です。

しかし、恵まれない立地にわざわざ来ていただけるお客様というのは本当にありがたい。だからこそ、「ホスピタリティー」「デリシャス」「クレンリネス」の頭文字を取った「ＨＤＣ」を追求すると決めました。店長１人では店の隅々まで見ることは不可能ですが、スタッフ全員で取り組んだから成し遂げられたのだと信じています。

チームの心を1つにする習慣 2

人は誰でも今より成長したいと考えている
その気持ちを引き出すことがリーダーの役割
成長を実感させるには
仕事を任せることが重要で
一度、任せたら余計な口出しはせず
見守ることが重要

一体感を作るには「理念」が必要

「モスバーガー」は、ほかの外食チェーンに比べるとシニア層のスタッフが多く、積極的に活用しているという評価を頂いています。確かに、その通りで60代、70代でも元気に頑張っているスタッフが店には数多くいます。

少子高齢化の時代で、今や65歳以上が人口の25%を占めるわけですから、そうした方々が働きやすい職場を作ることは、時代の流れから考えても当然のことでしょう。

そしてシニアのスタッフの良いところは、やはり人生経験が豊富なことです。例えば、お子さんを連れたお客様の気持ちがよく分かる。困っているお客様の話を聞いて、どうすればお役に立てるかを考える機転が利くので、高校生や大学生といった若いスタッフにとって、良いお手本になっています。

当チェーンでは、パートやアルバイトの採用面接には店長だけでなく、各店舗のオーナーも極力参加するようにと伝えています。店長だけでなくオーナーも面接に加わるだけで「私のためにわざわざ……」と意気に感じて、働くことへのモチベーションを高めてくださるのもシニアの方々です。20代の若い店長たちには、いつも店のベテランスタッフを『実質的な店長』だと思って謙虚に学びなさい」と言っています。

実際、キャリアの長いスタッフの方が仕事ができますから、いろいろと教えてもらって成長しなければいけないのは若い店長の方です。それに、年長者を敬うのは当然のことだという側面もあります。

シニアの方々はとても優秀ですが、そうは言っても、「モスバーガー」は最初から意図してシニアのスタッフを集めてきたのかというと、そうではありません。30代、40代の主婦パートが15年、20年、30年と働き続けて、シニアになっても働いているという方たちが多い。気が付いたら、スタッフにシニアが多くなっていたというのが本当のところです。

そして、そのスタッフたちが辞めない店であること自体が、「モスバーガー」の強みになっています。

2013年8月に経済をテーマとしたテレビ番組「カンブリア宮殿」（テレビ東京系列）で、当社が紹介され、私も番組に呼ばれました。そこで司会役の村上龍氏に「モスバーガーの店は、非常に家庭的な雰囲気で、居心地がいい」とお褒めの言葉をいただきました。

スタッフ一人ひとりに関心を持て

そうした家庭的な雰囲気がなぜあるのかといえば、長年ずっと店で働いてくださるスタッフが、「モスバーガー」には数多くいるからです。

長く働いているスタッフの皆さんは、プライベートでも仲が良く、集まってお茶や食事を楽しむといったことも珍しくはありません。シフトと関係なく、店の事務所に仲間が誰かいないかと遊びに来るスタッフもいて、高校生の部活動の部室みたいに、店がスタッフたちの「居場所」になっています。

そうした店全体に流れている一体感の〝空気〟は、画一的な大手チェーンとは異なり、手作り感のある家庭的な雰囲気を生み出します。その結果、来店するお客様も、家庭的で落ち着いた雰囲気だと「モスバーガー」のことを感じてくださるのだと思っています。

では、どのようにすればスタッフたちが一体感を持った店を作れるのでしょうか。

まず、大切なのは自社の経営理念を最初にきちんと伝えることです。私たちの場合なら、経営理念は「人間貢献・社会貢献」。働く人それぞれの人格や個性を尊重しながら、お客様には「幸せ」をお届けする。そして地域社会からも信頼される店を作るという意味です。

この経営理念について各店のオーナーや店長が新人スタッフへのオリエンテーションの段階から丁寧に説明し、「ほかの仕事に比べて、時給は高くないし、大変な仕事かもしれないが、一緒に頑張ってほしい」と明確に伝えることが大切です。私たちの理念に共感できない人たちはすぐに辞めてしまうかもしれませんが、それは仕方のないことです。

もう一つは、パートやアルバイトのスタッフ一人ひとりに経営者や店長が関心を持つことです。こちらが彼らや彼女らに関心を示さなければ、スタッフだって、私たちの店の理念や、店をより良くすることに関心を抱くはずがありません。スタッフに「学生時代はどんな部活動に入っていたの？」などと尋ねて、積極的に相手のことを知ろうとしてください。同時に自分の昔の話もして、自分はどんな人間かも知ってもらうこと。そうしてお互いの信頼関係が生まれます。

人間は誰でも周囲の人に自分のことを知ってほしい、評価してほしいという欲求を持っています。この「承認欲求」を満たしてあげるには、その人の話を聞いてあげることが一番大切です。そして、自分のことを理解してくれる人たちがいる場所を人は自分の居場所だと感じます。だから、ずっと働いてくださるのです。

スタッフに関心を示すから
店の経営理念に
関心を持ってもらえる

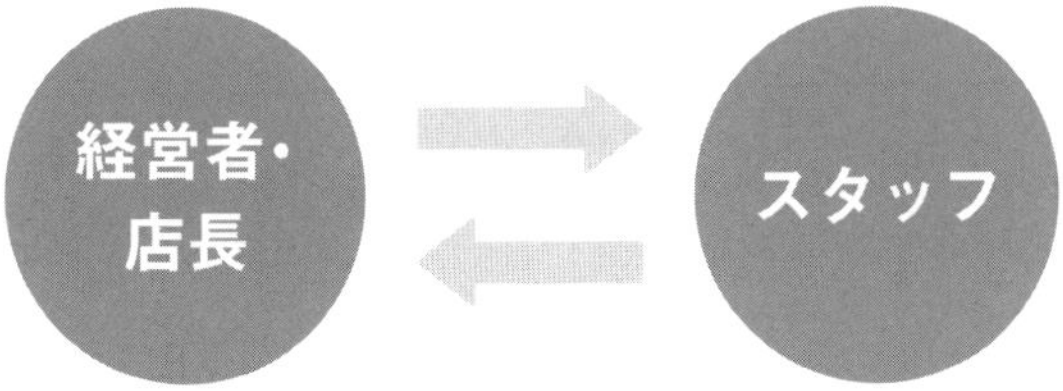

理念を共有する集団を作り それを維持するには

スタッフに一体感を与えるには、経営理念を共有し続けることが欠かせない。同じ理念を共有するチームを作るうえで大切なのが、経営者や店長がスタッフ一人ひとりに人間として関心を持つこと。スタッフの立場にしてみれば自分のことに関心を示してもらえないのに、経営者や店長の考えていること（＝経営理念）に興味を持ってもらえるはずがない。

チームの心を1つにする習慣 3

「**理念**」をチームで**共有**してもらうには
まず、リーダーがチームのメンバーに
関心を**持**つことが**欠**かせない
その**第一歩**が「**学生時代**はどんな**部活動**に**入**っていたの？」
などと**話**しかけて、
一人ひとりをよく**知**ろうとすることから**始**まる

私が実践した最強チームの作り方

学生アルバイト一人ひとりの働きぶりは、普通の店の店長に匹敵する——。

私が35年以上前に東京・成増にある店の店長をしていた頃、姉妹店への応援などで派遣した学生アルバイトたちがあまりに手際よく働くので、近隣の店長たちから驚かれました。自分にとっても頑張ってくれる若い仲間たちが高い評価を受けたのは、とても誇らしいことでした。

人材育成という観点から当時の話をしたいと思います。まず、当時の成増店で働いていたアルバイトのスタッフは総勢15人。全員が男性で、高校生か大学生でした。今のモスバーガーのイメージから考えるとなぜ男性しかいないのかと思うかもしれません。しかし、当時の成増店はバックヤードが店舗と少し離れた建物の2階にありました。仕入れ業者から配送される様々な食材や資材を受け取った後、2階まで運ぶのは大変な重労働です。

例えば、ケチャップやフライオイル（揚げ油）といった常温で保存できるものは配達回数を減らして、コストを削減するため月に1回の頻度で配送され、一度にダンボールで86箱も運ばれてきました。

食材などをバックヤードに収納する作業は、店全体の仕事を理解するうえで欠かせないプロセスであり、新人スタッフは最初の2週間くらいは厨房には入れません。バックヤードへの搬入や玉ねぎの皮むきなど仕込み作業の補助的な業務だけをしてもらうと決めていました。これほどの力仕事を女性にお願いするわけにもいかず、男子学生しかいなかったというわけです。

ですから、採用のための面接時には「最初の2週間くらいは力仕事ばかりだけど大丈夫？」「大変だよ」といった感じでネガティブな面もしっかりと説明しました。大変だと分かっていても当店で働きたいと思ってくれる人を採用したいからです。

では、なぜ大変だと伝えているのにウチで働きたいと言ってくれる人たちがいたのか。やはり仕事を始める入り口の段階では、まかないも大きかったと思います。当時の成増店では4時間働くとハンバーガー1つとドリンク1杯を無料で支給していました。地方から上京してきた学生にとっては、魅力的だったのではないかと思います。

少し話が横道にそれましたが、採用から最初の2週間に当たる修業時代を過ぎると、次は厨房で働いてもらいます。当時、それは「厨房デビュー」と店で呼ばれていたのですが、明らかに1ランク上にステップアップしたことが実感でき、モチベーションアップにつながっていました。

同時に、お客様が口にするものを作る厨房は神聖なところで、それにふさわしい資格のないものが入れるところではないという緊張感も意識づけられたのだと思います。

厨房デビューの後は経験に応じて、スタッフ個々の作業能力を勘案しながらローテーションを組むといった難易度の高い仕事も学生アルバイトたちに任せていました。新しい仕事に挑戦することで人は成長すると考えているからで、できる仕事の難易度に応じて時給も230円から最高で340円くらいまで何階層かに分けて評価していました。ちなみに時給の水準自体は当時の世間並みでした。

土日に働けるのは最高の栄誉

それでも、学生アルバイトたちはお互いに時給を比べることで、良い意味でライバル意識を持ち、より高い評価を得るために頑張ってくれました。同時に、時給が高いアルバイトたちは、上に立つ者の責任感から、経験が足りない新人アルバイトたちをしっかりと指導してくれました。私はそうした経験からも良い意味でのランク付けは必要なものだと感じています。

成増の店では最も忙しい土曜日や日曜日に働けるのはスキルの高い最も優秀なスタッフたちだけでした。ありがたいことにお客様が多過ぎて、作業速度の速いスタッフたちにしか任せられないからです。

その結果、土日に店で働くことはスタッフたちにとって名誉なことになり、みんなが土日に働くことを目指してくれました。その結果、土日に人手不足で困る

◎[櫻田流] 最強チームの作り方

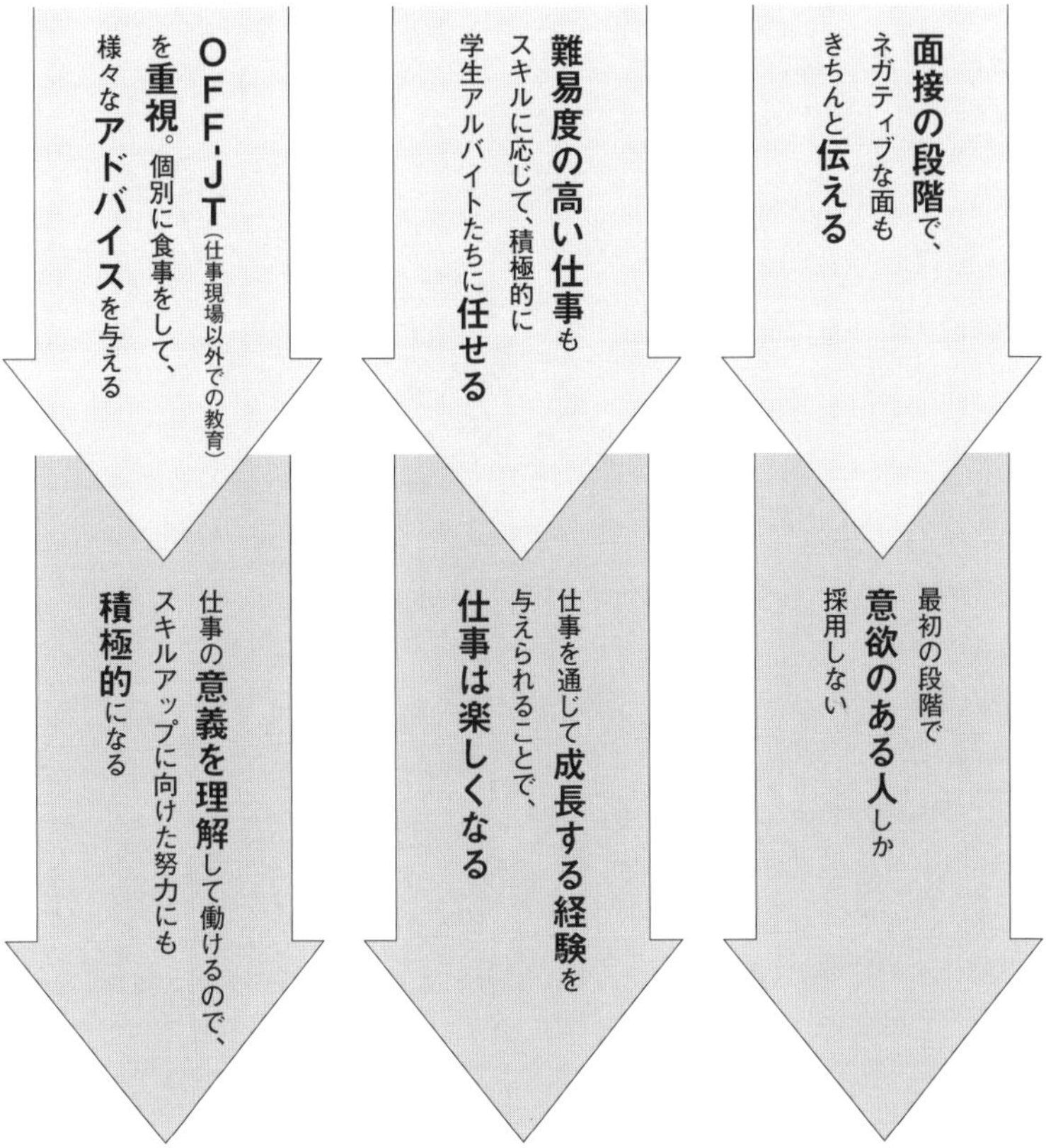
面接の段階で、
ネガティブな面も
きちんと伝える
最初の段階で
意欲のある人しか
採用しない
難易度の高い仕事も
スキルに応じて、積極的に
学生アルバイトたちに任せる
仕事を通じて成長する経験を
与えられることで、
仕事は楽しくなる
OFF-JT(仕事現場以外での教育)
を重視。個別に食事をして、
様々なアドバイスを与える
仕事の意義を理解して働けるので、
スキルアップに向けた努力にも
積極的になる

姉妹店の店長たちから驚かれるほど
スキルの高いスタッフたちの育成に成功

ということもありませんでした。

　では、なぜ学生アルバイトたちがそれほど熱心に働き続けてくれたのか。当時、私が力を入れていたのは、ＯＦＦ－ＪＴ（仕事現場以外での教育）です。現場でのＯＪＴ（職場内訓練）も大切ですが、スタッフ一人ひとりと個別に食事をしたり、時にはお酒を飲んだりしながら、彼らの進路から恋愛まで悩み相談に乗って、彼らにとっての兄貴的な存在として、私なりのアドバイスをしていました。その中で、一つひとつの作業の意義や仕事を通して成長していくことが、社会に出てから必ず役に立つことも伝えていました。

　時代も違うので、同じことをすべきとは言いませんが、仕事を通じて成長したいという熱意を持つアルバイトやパートの方々がたくさんいるのは今も昔も変わらないはずです。

チームの心を1つにする習慣 4

仕事を任せ、それが将来の自分に
役立つことを知ってもらう
良い意味で仲間同士で競ってもらうことで、
一騎当千のスタッフたちが育つ

人は「命令」では動かない

外食業界には店の責任者としての「店長」と、その店長たちを指導する「スーパーバイザー」（ＳＶ）という役割や権限の異なる現場のリーダーが存在しますが、求められる能力も少し異なっているといえるかもしれません。

それは、店長は自分がある程度、頑張れば一定の成果は出せる一方で、ＳＶは部下に当たる店長やフランチャイズ店のオーナーに、店の現場を完全に任せているので、彼らがその気にならなければ成果は出ないという部分です。

誰かに何らかの指示をしたとしても、相手はそれをやりたいと思っていない場合には、やらなかったり、手を抜いたりするものです。何とかして店を良くするために取り組んでほしいと思っていることであっても、です。結局のところ誠意や熱意を分かってもらって、「あの人の言うことなら聞こう」と思ってもらえる関係を作らないと、人は動きません。

「説得」されることが好きな人はいない

ですから私に言わせれば、「言うことを聞いてくれないから、説得する必要がある」と誰かのことを考えた時点で、既に、その説得は失敗することが目に見えています。人は誰でも、誰かに説得されて何かをするのが嫌いなものです。

問題は、まだ信頼関係が築けていないことですから、それを作ることが先なのです。ところが、そこに気付けていない人は多いので、注意が必要です。無論、信頼関係が大切なことは、ＳＶだけでなく店長でも同じです。

では、信頼関係を作る上で何が大切かと言えば、まずは自分自身がどんな人間かを知ってもらうことです。そして、こちらのことを知ってもらうためには、こちらも相手を知ろうとしなければいけません。

男性か女性かで同じ言葉でも受け取り方が違うのはよくあることですし、年齢や業務経験でもそうです。例えば、付き合いの長い部下と、最近店に入ったスタッフを思い浮かべてみてください。少し難しい指示を出したと仮定すると、その反応がまるで違うものになることは誰でも予想できることです。

「人を見て法を説け」という言葉もありますが、その相手にふさわしい対応を考えなければいけません。ただ、日々の仕事が忙しいためか、私たちはそれを忘れがちです。

以前、あるＳＶやその上司と一緒に加盟店のオーナー夫婦を訪ねたときのことです。当時は、本部からの連絡事項をＳＶから口頭で伝えるか、書面でお送りするといった形で行っていました。それをちょうどインターネットの専用ページで確認する形に改めた時期でした。ただ、ご年配のオーナー夫婦はインターネットが苦手で、その連絡事項を見落としがちでした。それに対して、ＳＶやその上司たちは、こまめに専用ページを確認することを求めたのですが、私は「それは間違っている」と注意したことがあります。

確かに、専用ページで本部からの連絡事項を伝えた方が便利なのは事実です。

それは良いのです。問題は「全員が必ず、それを見ている。見ていない人に非があって、加盟店を指導する立場の自分たちには非が無い」という考え方です。ネットが得意でないというのであれば、電話を1本入れて伝えるとか、相手に合わせた方法はあるわけですから、そうすべきです。

そうした思いやりのある行為を日頃からしていなければ、こちらから何らかの改善提案をしたとしても、聞いてもらえるはずもありません。そして、店長でもSVでも「社長の代理として店を預かっている」くらいの強い当事者意識を持っていれば、先ほど紹介したオーナー夫婦がインターネットでは本部からの連絡事項が分かりづらく困っていると知ったら、自然に電話の1本も入れられるようになるはずです。他人事ではなく、預かっている大切なお店が困っているのですから、当然、そういう発想になると思います。

私もSVの頃は、携帯電話が無かったので、加盟店の皆さんに自宅の電話番号をお知らせし、「何かあったら24時間いつでもお電話をください」とお伝えしていました。

◎人の上に立つときの心得

①
自分を知ってもらい、相手のことも
よく知るように努める
↓
信頼関係を作る

②
相手に合わせた提案をする
↓
思いやりを持って接する

③
人は簡単には変わらないことを覚悟する
↓
忍耐をもって、大切なことは話し続けなければならない

以上の3つを意識することで、**「あの人の言うことなら」**と指導相手が、こちらの話を**真剣に聞いてくれる**ようになる

もっとも、人には個性があるので、他人の心をつかむのが上手な人もいれば、不慣れな人もいます。

もしもSVのコミュニケーション能力がそれほど高くないというなら、その上司は「まずは加盟店の仕事を手伝うために足繁く通って仲良くなるところから始めなさい」と指導するといったことも大切だと思っています。まずはお互いを知ることが基本なのは、どんなビジネスでも同じはずです。

最後に、人を指導する立場になったら忘れてはいけないのは、どんなに誠意や熱意を持って伝えても、人は簡単には変わらないということです。根気よく、諦めずに自分の提案を聞いた方が相手にとってもプラスになることを伝えてください。そして、相手と交わした約束は必ず守って、相手からの信頼を失わないようにしてください。

人は簡単に変わらないですが、こちらに誠意や熱意があれば、必ず通じる。私はそう信じています。

チームの心を1つにする習慣 5

大切なのは、
「あの**人**の**言**うことなら**聞**こう」という**関係**づくり
自分を**知**ってもらい、
相手のこともよく**知**るように**努**めること
その**重要度**は**地位**が**上**がるほど**高**まるので
常に**意識**する

叱って効果があるのは信頼されている場合だけ

店長など現場のリーダーとして多くのスタッフを指導する立場になると、言いにくいことも言わざるを得ません。知りたくなることの1つが「叱り方」にコツがあるのかどうかではないでしょうか。

私自身はこう叱れば、相手が反省するといったテクニックを意識したことはありませんが、上司や先輩方、あるいは部下の「叱り方」を見て、これは見習いたいなと思うことや、逆に反面教師にしなければと肝に銘じた経験が多々あったのは確かです。

その経験の中で言える大切なことは、2つあると思っています。

まず1つ目は、「怒る」と「叱る」は別物であるということです。

「怒る」というのは、単に自分の感情をぶつける行為に過ぎません。何か気に入らないことがあって気分が悪いから、相手に文句を言っている状態です。一方の「叱る」というのは、叱った相手に正しい道を歩んでほしいという気持ちがあってこそできることです。つまり、「怒る」と「叱る」の違いは、相手を思ってのことかどうかという点が決定的に違うわけです。

短気ですぐに怒ってしまう人というのは、目の前で見たり聞いたりしたことで、瞬時に怒りのスイッチが入ってしまうことが欠点です。元々の性格という意味では、私も自分自身のことを短気だと思うのですが、昔から頭ごなしに人を怒鳴りつけるような人にはなりたくないと心に決めているので、感情に任せて怒ることはしないようにしてきました。

例えば、目の前で部下が何らかのミスをしたとか、私から見て腹立たしい発言をしたとしても、なぜその人は、不適切な行動や発言をしてしまったのか、何か理由があるのではないかと、まずは思いを巡らせてみることにしています。

そうすると怒りは消えて、自然に冷静になれますから、部下を怒らないで済むというわけです。もちろん必要に応じて、冷静に叱ることは大切で、場合によっては厳しい言葉で教え諭すこともあります。

そして叱るうえで、何より注意しなければいけないのは、こちらが相手のことを思って叱れば、必ず分かってもらえるという思い込みは通じないということです。

「聞く耳を持つ」という言葉がありますが、叱る相手との間に信頼関係があって、「あの人の話なら聞こう」と思ってもらえる関係がなければ、せっかく叱っても聞いてもらえません。極端な例え話かもしれませんが、信頼関係がない相手から、いくら叱られても、叱られる方は何か雑音が聞こえている程度の感覚で全く心に響かないものです。

ですから、本当の意味で相手を「叱る」ためには、信頼関係を作ることが先決だということになります。

では、どうすれば「あの人の話なら聞こう」と思ってもらえる人間関係が作れるのでしょうか。やはり、大切なのはお互いがどんな人間で何を考えているかを理解すること。店であれば、店長とスタッフ間の相互理解ということになりますが、そのためには会話をたくさん交わす必要があります。そして、その切り札になるのは、スタッフを「褒める」ことです。

何と言っても誰かを褒めたときに、その相手が不愉快になるということはまずあり得ません。聞いている方は気分が良いのですから、会話も弾むわけです。そして、会話の数こそ信頼関係構築の第一歩です。

しかし、会話が苦手だったり、あまり人を褒めた経験がなかったりした場合は、何を褒めればよいか分からないかもしれません。そこで大切な褒めるコツとは、まず相手をよく見ることだということです。

服装から持ち物、その人が醸し出す雰囲気などだけでも、ほかの人とは違う個性は30や40は必ずあります。例えば、話し方が早口な人に「早口ですね」と言っても褒めたことになりませんが、「テンポの良い話し方ですね」と言えば褒めたことになります。そうやって捉え方を変えると人の良い部分はたくさん見えてくるもので、何を褒めてよいか分からず困ることはまずありません。

同時に相手の良い部分を見つけて、褒めてあげようという姿勢は、相手の真価を理解しようという気持ちを示すことでもあります。それは必ず相手に伝わるものので、自分の理解者になってくれる人が言うことを、人は無視することはできないものです。そうなって初めて、叱られることが相手の心に響くわけです。

「叱る」と「褒める」は1対9

ですから、もう1つの「叱り方」のコツは逆説的ですが、普段から店のスタッフを「よく褒めること」ということになります。

感覚的に言えば、「叱る」は1に対して「褒める」が9。それどころか、褒める比率はもっと高くてもいいくらいでしょう。叱るときでさえ、良い部分があれば、その点は褒めて、その上で改善してほしい部分についてだけ叱る。それくらいが、ちょうどよいのです。

チームの心を1つにする習慣 6

人は信頼していない相手から、叱られても
「雑音」にしか聞こえない
まず、部下との間に信頼関係を作り、
「この人の話なら聞こう」と思ってもらうことが先決
人間関係の基本は「会話」
日頃から、相手の良い部分を見つけて褒める
という態度は相手にも伝わり、
信頼関係が生まれる

もしもスタッフ同士の仲が悪いことに気付いたら

もしも、一部のスタッフがお互いに反目し、会話もしない関係になっていると気付いたら、どうすべきでしょうか？

仕事さえ手を抜かなければ、問題ないから放っておく――。

そう考える人も少なくないかもしれません。しかし、私に言わせれば、それはとんでもない話です。仲違いをやめてもらわなければ困ります。確かに、店で働くスタッフたちは年齢も違うし、それまで生きてきた環境も異なります。当然、性格や価値観も人によって違うのですから、時として、ささいなことから仲違いすることもあるでしょう。

仲の悪いスタッフたちに良い店は作れない

しかし、どのような背景があるにせよ、「モスバーガー」の店で働く以上は、理解してもらわなければならない「考え方」というものがあります。それは、「モスバーガー」の経営理念や企業目標です。

その一部を引用しますが、店で働くスタッフたちの行動指針としては「基本方針」を定め、全店で共有しています。

私たちのお店は――お店全体が善意に満ちあふれ、誰に接しても親切で優しく明るく朗らかで、キビキビした行動、清潔な店と人柄、そういうお店でありたい。「心のやすらぎ」「ほのぼのとした暖かさ」を感じて頂くために努力しよう――という創業の精神を遵守します。

こうした理念を実践することが、「モスバーガー」の存在する理由です。極端に聞こえるかもしれませんが、全国にある約1400の店舗、2万5000人のスタッフはそのために働いているわけです。

にもかかわらず、店の中で働いているスタッフ同士が互いに目も合わせない、会話もしないという関係だったら、そんな店で私たちの「基本方針」に書かれているような「心のやすらぎ」や「ほのぼのとした暖かさ」を提供できるでしょうか。無理なはずです。スタッフ同士の嫌な空気は、必ずお客様に伝わるものです。

つまり、スタッフが仲違いしているような店では、私たちは経営理念を実践できない。ですから、スタッフ同士の不仲を店長は放置してはならないということになります。これは「モスバーガー」の理念に沿った話ではありますが、どこの店にも、高らかな創業理念があるはずです。スタッフ同士の不仲がその実現のために好ましくないという点では同じだと思います。

では、どうやって不仲を解消するのか。それはやはり、コーチングの手法でスタッフたちに質問し、自分で答えにたどり着いてもらう必要があります。

簡単に言えば、「スタッフ同士の仲が悪い店で食事をして楽しい？　嫌だよね」と尋ね、自分がお客様だったら不愉快なことは、お客様に対してもすべきではないという当然のことに気付いてもらうしかありません。

反目し合う2人をそれぞれ個別に呼び出して、相手の何が許せないのかを尋ねたり、仲良く働くことの意義を伝えたりしながら、相手の話をまずはよく聞いてあげることです。そして仲直りを店長の立場から、お願いする。いきなり「相手と話し合え」では、スタッフの側は自分に非があるように非難されていると感じてしまいます。

まずは個別にじっくりと話を聞くこと

ですから、まずは個別にじっくり話し合うことで、その真意をしっかり伝えておく必要があります。その上で、店長立ち会いの下、その2人に話し合ってもらうのです。お互いの気持ちを伝え、わだかまりを解くことが目的です。

それでは、私が店長時代に実践した手法をいくつか紹介しましょう。2人の男子高校生アルバイトの仲が悪く、その2人を仲直りさせたことがありました。

不仲の理由というのが「同学年なのに、半年早くアルバイトを始めたというだけで、先輩風を吹かせて生意気だ！」「そんなつもりはない。お前こそ、後から入ってきて何様だ！」といったもの。大人から見るとたわいのない話ですが、本人たちは真剣です。互いの気持ちをぶつけさせたところ、その後は打ち解けて、親友になってくれました。

また、ベテランの女性パート同士の仲が悪かったときにも仲直りしてもらったことがあるのですが、それぞれが別の時間帯でスタッフのリーダー格で、「あの人の担当する時間帯は、仕事全般が粗い」と相手に不満を持っていました。しかし、それは店を思ってのことですから、お互いに話し合う場を設けることで、仲直りをしてもらうことができました。

何もそこまでしなくても、そう思われる方もいるかもしれません。しかし、仲良く働くというのは、仕事を楽しくするために欠かせないことです。

私たちは、スタッフに時給で雇われただけの人にはできない心からのサービスを求めています。そうであるならば、そのスタッフたちが働きやすいように人間関係も含めて気配りをするのは当然ではないでしょうか。

チームの心を1つにする習慣 7

企業理念を実践するうえで、
スタッフ同士の反目は放置できない
個別に話し合ったうえで、
当事者同士でも話し合う機会を設けて、
わだかまりを解消しなければならない

MOS BURGER

「信頼される人」になりたいならまず「挨拶」をしっかりすべき

スーパーバイザー（SV）として、「モスバーガー」のFC（フランチャイズ）店を指導していた頃、業績テコ入れのため、オーナーの方々にいろいろな提案をしました。今から30年以上も前の話です。

営業時間の延長を提案したり、店によってはスタッフが笑顔で接客するように徹底してもらったり。あるいは周年イベントで、ドリンク無料券を配り、店から足が遠のいていたお客様に再来店を促すといった手を打ったこともありました。

こうした増収策に取り組んでいただければ、効果は間違いなく出るのですが、FC店のオーナーたちは一国一城の主。私が命令するわけにもいきません。オーナーの皆さんに「櫻田の言うことだから、聞いてみようか」と思っていただくためには、まず私を「信頼」していただく必要がありました。

では、どんな時に信頼が得られたかと振り返ってみると、オーナーのご自宅に泊めていただいたときに、お互いの関係がぐっと良くなったときが多かったことを覚えています。もちろん、私は当時ＳＶですから、いきなり友人のように「自宅に泊めて」とお願いするわけではありません（笑）。

夜の23時半くらいに店にお邪魔して、そのまま1時間くらい一緒に働いて、店を閉める作業や厨房機器のメンテナンスを手伝いました。作業が終わる頃には深夜になっていましたが、その時には自然とオーナーの方から「うちに泊まっていってください」という話が出て、軽く夜食を食べて、ビールを1杯くらい飲んでという流れになりました。

その中で、家族のことなどオーナーの方の日常生活も分かりますし、逆に私の人となりも知ってもらうことができました。

オーナーの方々が潤えば、その家族も幸せにできる。そうした部分に私はＳＶのやりがいを感じていました。こちらの真剣な気持ちをオーナーの方に感じてもらえると、提案した内容にきちんと取り組んでいただけるので、業績も著しく改善していきます。

大切なのは有言実行

当時と今は時代も違いますから、「信頼されたければ深夜に仕事を手伝いなさい」と言っているわけではありません。

ただ、誰かから信頼されたければ、その相手を思いやる言葉を掛けることで、気持ちを伝えるだけでは足りません。

「有言実行」という言葉もありますが、何らかの行動で気持ちを示すことが大切なのは昔も今も変わらないはずです。そういう意味でSVだった当時の私にできることは、深夜まで一緒にオーナーと働くということだったわけです。

では、多くの人から信頼される人になるために取り組むべき最初の一歩は何でしょうか。

私は何よりもまずは挨拶をしっかりすることだと思っています。

なぜなら、自分から周囲の人に元気よく挨拶をするようにするということは、自分は周囲に対して心を開いていることを示すのと同じだからです。

人は誰でも自分に心を開いていない相手に対して、その人のために頑張ろうなどとは思えません。ですから、信頼関係を築くうえで挨拶は大前提となるわけです。

よく学校でも行われている挨拶を奨励する運動に、「オアシス運動」があります。ご存じの通り、「オ」は「おはようございます」、「ア」は「ありがとうございます」、「シ」は「失礼します」、「ス」は「すみません」の最初の1文字をつなげたものです。

挨拶は子供の頃にはできていても、意外に大人になってから、きちんとできなくなるもので、FC店のオーナーの方々や社内の会合で、注意を喚起することもあります。

もっとも、仕事で成果を上げられるかという話以前に、挨拶をきちんとすることは、人間として良い人生を歩むために欠かせないことだとも思っています。

最後に、人から信頼される人というのは、周囲から「あの人のようになりたい」と思ってもらえる人のことだとも言えるでしょう。

信頼される人は楽しそうに働く

私もそうありたいと考え、自分を省みる修業中の身ですから、あまり大きなことは言えません。しかし、周囲からどう見られているか考えるときに自分と周囲の誰かとを比較して、「アイツよりは俺の方が評価されているはず」などと考えて安心する。ネガティブに物事を捉えるクセのある人がいます。また、世をすねた発言を繰り返す人もいますが、それは誰かに自分がすねていることに気付いてもらって、かまってほしいという甘えです。

そうしたネガティブな思考や言動をすることは、本人のためにならないので、リーダーは諭してあげることも役割だと思っています。

楽しそうに働いている人の周りにしか人は集まって来ませんし、信頼を得ることもありません。しかし、楽しい仕事が最初からあるわけではなく、自分で仕事も会社も人生も楽しくしていくしかない。そのための最初の一歩が気持ちの良い挨拶なのだと思っています。

チームの心を1つにする習慣 8

人から信頼されるには
「思いやり」や「気遣い」の
言葉だけでは不十分

「有言実行」で気持ちを行動で示すこと
その第一歩が「挨拶」
元気な挨拶を心掛けよう

店長が「兄」なら、アルバイトは「弟」

―私の店長時代―

私は店長は家族における両親やお兄さん、お姉さんと同じ役割と責任を負っていると意識して、スタッフと接するべきだと考えています。家族のように思って接すると、それはスタッフにも伝わるので、店全体に一体感が生まれやすいと思うからです。

実際、店長時代の私にとって、アルバイトの学生たちは弟のようなものでした。ちなみになぜ弟かと言えば、107ページで紹介した通り創業期の「モスバーガー」では力仕事が多いため、スタッフは男性のみだったからです。後に、女性も採用するようになって、男性スタッフたちが色めき立った様子は今でも覚えています（笑）。

それはともかく、店長になった私は、学生アルバイトたちにある「掟」を課していました。それは1日に2回、店に顔を出してもらうという取り決めです。学生アルバイトたちは、店の近所に住んでいましたから、学校の行き帰りの朝と夕方くらいに店に顔を出してもらっていたのです。シフトに入っている人が急に休んだとか、店には色々なことが起きますから、必要に応じて、そのまま働いてもらっていました。

昔の話で、今はそんなことをお願いできる時代でもないのでしょう。でも、当時だって、そんな無理を簡単に聞いてもらうことは普通はできません。なぜみんなが私に付いてきてくれたのか。考えてみると、店長である自分は兄貴で、学生アルバイトたちは弟という意識で常に接していたことが大きいと思うのです。

今でこそアルバイトの賃金はある仕事をこなせれば20円アップなど細かい規定がありますが、私が店長だった頃は当然そんなルールはありません。それでも、「厨房の仕事はできるけど、笑顔が足りないぞ」「もっと店を良くする提案を自分からしないとダメだぞ」といった話を一人ひとりとしていました。

細かく目標を示した上で、「あと2カ月頑張ったら時給を20円上げるぞ」という約束をすることで、アルバイトたちのモチベーションを高めていたのです。私がこうしたことにいち早く取り組んだのは、一人ひとりに人間として成長してほしいと願っていたからです。

怒るのではなく愛情を持って接する

目下の者がミスをしたり、思った通りに動かなかったりしたときは、怒ってはダメで、叱ることが必要です。怒るというのは感情をぶつける行為ですが、叱るというのは、正しい道を歩んでほしいという気持ちがあってこそできることです。叱ることには愛情が必要なわけですが、これも家族のように思えば自然にできてきます。

また、自信ややる気を失っているスタッフがいたら、その人の思いをじっくりと聞いてあげることもできるはずです。

日々の暮らしは同じことの繰り返しですから、自分に自信が持てる素晴らしい経験を、人は忘れがちで、それは学生でも同じです。

だから、これまでの学校生活で、頑張った結果、先生に褒められたといった「成功体験」を思い出させてあげるだけで、学生アルバイトは随分と自分に対して自信を持って、モチベーションが上がるものなのです。「国語の予習をして、授業に臨んだら先生にとても褒められた」といった本当に小さな出来事でいいから、思い出させてあげることがとても効果的です。

チームの心を1つにする習慣 9

店長は家族における
両親やお兄さん、お姉さん
と同じ役割と責任を負っていると意識すること

自信ややる気を失っているスタッフがいたら
「成功体験」を思い出させ
自信を付けてもらうことを意識しよう

MOS BURGER

特別付録 2

徹底分析！「モスバーガー」流
居心地の良い店が生まれるまで

文＝原武雄
イラスト＝島内美和子

お客の心をつかむサービスの秘密

「モスバーガー」（以下、モス）は、スタッフが温かい笑顔で迎えてくれる居心地の良いサービスで知られているが、いわゆる接客用のマニュアルを細かく定め、それを守らせるといった従業員教育は行っていない。

立ち居振る舞いや言葉遣いなどをすべてマニュアル化すれば、本部も、店も、現場のスタッフ（パート・アルバイト）も楽かも知れない。しかし、それはお客にとってはどうだろうか？　地域によって話し方（方言）や、人との接し方・距離感などは県民性によっても大きく異なる。

そこでモスでは創業以来、お客と接する各場面で、スタッフ自身に自分がどういう立ち居振る舞いをすれば、お客が喜び、満足してもらえるか考え、気付いてもらうことを重視してきた。そして、その気付きを促すための研修に力を入れてきた。

30年以上前の創業期から、現場のスタッフ向けのセミナーを実施している。２０１４年は「スマイルセミナー」という名称で全国で年44回開催し、参加者は約７００人。15年は「キャストセミナー」と名前を変えて、年間で50〜70回の開催を予定している。

３時間にわたるセミナーではモスの経営理念を伝えたうえで、「接客の基礎知識」を伝えている。

「接客の基礎知識」は次の６つからなる。

1. 感謝の気持ち
2. 挨拶
3. 言葉遣い

4. 立ち居振る舞い

5. 表情

6. 身だしなみ

まず、1の「感謝の気持ち」とは、街には数多くの飲食店がある中で、お客がモスに来てくれることは、当たり前のことではないことを理解させ、来店したお客には感謝の気持ちを持って接しようと伝えている。昼食時など繁忙時は忙しさにかまけて、つい感謝の気持ちを忘れがちになるが、どんなときも感謝の気持ちを持って接することが接客のスタートだからだ。

2の「挨拶」は声のトーン、お客に声が届くために必要な声量、声かけのタイミングなどがテーマだ。例えば、声のトーンはドレミの「ソ」の音の高さを意識して発声を始めると聞く人には感じよく聞こえると教えている。これらは実際に声を出して練習する。

お客への挨拶は「語先後礼」と2回のアイコンタクトを必須としている。語先後礼とは挨拶をした後にお辞儀をするということ。挨拶とお辞儀という2つの動作を同時に行うと美しい所作にならないためだ。

お客が入店してきたときは、お客の目を見て（1回目のアイコンタクト）、目が合ったときに「いらっしゃいませ」と声をかけ、それからお辞儀をし、その後にもう一度お客の目を見て（2回目のアイコンタクト）、笑顔を見せる。

お客の退店時にはお客の背中に向けて「ありがとうございました」と声をかけてからお辞儀をする。この場合はお客は背を向けていることが多いので、アイコンタクトはできない。ただ、なかには声かけに気づいて振り向いてくれるお客もいるので、そのときはお客の目を見て笑顔を見せる。そうすることで、店への印象も良くなるうえに、スタッフも仕事へのやりがいを実感できる。

3の「言葉遣い」は、「○○でよろしかったでしょうか」とか「お飲み物のほうは……」などという、正しくない日本語は使わず、「○○でよろしいでしょうか」「お飲み物は……」と言うようにと伝えている。

お辞儀もシチュエーションで使い分ける

4の「立ち居振る舞い」では、お辞儀の仕方と姿勢について注意する。モスには3種類のお辞儀があり、角度はそれぞれ15度、30度、45度だ。15度はお客の来店時、30度はお客が店を出るとき、45度はお詫びをするときだ。

姿勢はかかとを付けて、つま先を女性は時計の針で11時5分の形になるように、男性は10時10分の角度になるように開く。猫背にならないよう胸を張って、あごを引く。手はへその下に、右手を下に、左手を上に重ねる。女性は両手の指をしっかり伸ばし、男性は右手を軽く握ってその上に左手を添えるといったことまで伝えている。

5の「表情」とは笑顔のこと。笑顔は、顔の表情筋を柔らかくしないと出ない。そこで、講師と受講者が一緒に「目に三日月、頬にたこ焼き」などと、声を出しながら笑顔を作る「笑顔体操」を行う。これは一種の筋トレで、「三日月」「たこ焼き」、ほかにも「ラッキー」「ハッピー」など、語尾の母音が「イー」となる言葉を発声しながら表情筋を動かす。「目に三日月」と言うときは、目を三日月のように細めるイメージで、「頬にたこ焼き」のときは、頬をたこ焼きのように丸くするイメージで表情筋を動かす。

ただし、技術として笑顔を身に付けても、お客の心には届かない。笑顔は目元と口元、それに心からなるもの。心が笑っていないと本物の笑顔にならないことも、しっかりと教えている。そのうえで、笑顔も意識して使い分けるように伝えている。それが「10%」、「50%」、「80%」、「100%」という4つの笑顔だ。

10%の笑顔

10%の笑顔とは、口角を少し上げた状態。レジ周辺や店の内外で作業しているときは、お客が周囲にいなくても、この笑顔を見せるように意識しようと伝えている。

100%の笑顔

80%の笑顔

50%の笑顔

50%の笑顔は、少し歯が見えるくらい。お客の注文を聞いているときや、目が合ったときに、にこっと笑うときの笑顔だ。

80%の笑顔は、口が開いて歯が見える程度。お客を見送るときの笑顔だ。

100%の笑顔は、文字通り満面の笑み。お客から褒めていただいたときや、自分が薦めた商品をお客が実際に注文してくれたときなどに見せる笑顔だ。

もちろん、状況に応じて正確に笑顔を使い分けすることを求めているわけではない。笑顔にも色々あり、それを意識していた方が、自分の気持ちをお客に正しく伝えやすい。良い印象を持ってもらいやすいということを分かってもらうことを目的としている。

6の「身だしなみ」は、モスでマニュアル化されている数少ないものの1つだ。ベレー帽の中に前髪、横髪をすべて入れる。ピアスなど装飾品はすべて外すといった注意点を研修でも再確認している。

悪い接客を見て学ぶ

セミナーでは例年、接客の良いスタッフと、悪いスタッフが同じ店で働いているという設定の映像を約20分視聴。(1)来店時、(2)注文時、(3)商品提供時、(4)退店時の4つのポイントでのスタッフの対応が映っているもので、お客の目線からスタッフがどう映っているかを見て、自分なりに考えてもらうことが目的だ。具体的には言葉遣いが乱暴、商品の渡し方が乱暴、お客と目を合わせない、スタッフ同士が私語に夢中、ゴミが落ちているのに気付かないなど、20以上の問題点が盛り込まれている。

視聴後はいくつかのグループに分かれて、参加者同士で40分ほどディスカッションを行う。その中で「お客様目線で見ると私も笑顔を忘れているときがあるかもしれないと気付いた」「挨拶の重要性が分かった」といった気付きを与えることが目的だ。

スタッフ育成のポイントは注意の仕方と褒め方

セミナーに力を入れているといっても、全国に約1400店ある店のスタッフ全体から見れば、参加者は限られる。そこで、大切になるのがスタッフを日々指導する店長や店長候補たちへの教育だ。スタッフの育成で、店長が気を付けなければいけないのは、注意の仕方と褒め方だ。

注意するときの1つめのポイントはミスや改善が必要な点を具体的に指摘し、改善方法を示すことだ。叱っただけではスタッフは次にどうすればいいか分からないため、成長しない。また、ほかのスタッフやお客の前では注意しないことも重要だ。

2つめのポイントは、スタッフに感情をぶつけないこと。本人は注意したつもりでも、スタッフは「今日の店長は機嫌が悪い」としか思ってもらえず、指導にならない。もしも、感情をぶつけてしまったら、後で「さっきは感情的になってごめんね」などと、きちんと謝ることも必要だと教える。

新人スタッフには特に、いろいろと指摘したくなるが、注意するときは1回につき1つの指摘にとどめること。これも大切な知恵で、そうしないと新人は仕事に付いていけないと、やる気を失いかねないためだ。

褒めるときのポイントは完璧さを求めず、以前より改善が見られたら、それをたたえてあげることだ。

そのうえで具体的に「さっきは、ベビーカーのお客様が通れるよう、テーブルを動かして隙間を空けてあげていたけれど、そういう気遣いが良かった」などと伝えること。ただ「良かった」と言っても、何が良かったか分からないことも多いからだ。

店長がスタッフ一人ひとりに目標を設定してあげ、「一緒に頑張ろう」と声をかけることにモスではこだわる。そうすることで働く側も「この店で働いて良かった」と思う。店長はスタッフが、自店で働いてくれることに感謝の気持ちを持って接することが大切で、それがスタッフを通してお客にも伝わることで、居心地の良さや温かさをお客はモスに感じるというわけだ。

第3章

結果を出すために大切なこと

ブランドとは企業や店の「生き様」だ

ブランド力を高めるためにすべきことは何か？——。こう尋ねられることが少なくありません。

ありがたいことに、小売業や飲食業の店舗の魅力を評価する日経リサーチが実施している「ストア戦略サーベイ」など、各種のブランド力調査で高い評価をいただいています。

しかし、どうすればブランド力を高められるのかと聞かれれば、即効性のある対策など「ない」と答えるしかありません。なぜならブランドとは、結局のところ、自分（自店）以外の人（お客様）が評価してくれて初めて成り立つものだからです。

そして評価されるということは、飲食店の場合、あの店は楽しかったから、また行きたいと思っていただくということです。

ですから、見栄えの良い看板やロゴを作って、印象付けることも意味がないことだとは思いませんが、二の次です。「商品」と「接客」こそ、その店のブランドを作るのです。

では、何を意識すべきなのか。商品については、ポイントが2つあります。

1つめは家庭で簡単にマネできるものや冷凍食品として買えるものではないこと。2つめはほかの店にはない、世の中にないとがった部分がある商品を考えることです。

サービスについては、大切なのは「思いやり」の心です。お客様には男性もいれば、女性もいて、年齢も10代の方もいれば、60代の方もいて背景は様々ですよね。

「日焼けしましたね？」と女性のお客様に言えば、気分を悪くしかねませんが、夏休みに野球部の練習に励む男子中学生に「また日焼けして黒くなったね」と声を掛けたなら、練習を頑張っていることを認められたと喜ぶはずです。相手がどんな心境で、何をして差し上げたら喜ぶかを思いやることが一番大切だと現場のスタッフなどと話す機会があるときには、いつも説明しています。

そうした商品やサービスを通して、お客様は店のファンになっていくわけですが、そこに何を感じているかと言えば、企業や店の「生き様」なのではないでしょうか。

私がそう考えるのは、私たちのブランド「モスバーガー」自体が、創業者の櫻田慧の理念を実践し続け、それが社会の中で認められ、今の「評価」（＝ブランド）があると考えるからです。

創業者の理念は、「食を通じて人を幸せにする」「アットホームな店を作る」といったものでした。

食を通じて、人を幸せにするためには、栄養のバランスが大切ですから、野菜をおいしく食べていただきたい。そして、自信を持って提供できる食材を使いたいので、いち早く国産野菜にこだわり、トレーサビリティーにも力を入れてきました。

時間が掛かるとお叱りを受けることもありましたが、アットホームな店を作るために、注文を受けた後に料理を作る「アフターオーダー」や「手作り」にもこだわってきました。そうした取り組みも、大量生産・大量廃棄と一線を画すという意味で、「モスバーガー」の評価を高めています。

つまり、私たちの「モスバーガー」は時流に乗ることで、ブランド力を高めようと狙ったのではありません。創業者の理念を実践しようと努力してきた。それが振り返ると、ブランドになっていたというのが真相です。

様々な人に会って、店のファンを増やそう

もちろん、時代に合わせて、商品やサービスといった店の「基本価値」を磨いてもいます。2013年4月24日からは、定番商品である「モスバーガー」と「テリヤキバーガー」の味を6年ぶりに見直しました。

例えば、「モスバーガー」は、これまで軽めの味へと見直すことが多かったのですが、今回はずっしりと来る食べ応えのある味へと見直しました。

サービスについては、約1400店ある全店に一定の頻度で覆面調査を実施し、その結果をフィードバックしてもいます。覆面調査の得点と業績には、明確な相関関係はないのですが、近隣に競合店が出店したときに悪影響を受けにくいのは、やはり調査で得点の高い店です。

多くの人に知ってもらってファンになっていただけるから、「ブランド」になる。ですから、発信することも、やはり大切です。私はお客様はもちろんのこと、株主、社員、加盟店オーナー、取引先の方々に会って、私たちの考え方を直接お伝えすることにも力を入れています。

会った方にファンになってもらって、その家族にも「モス」を好きになっていただく。ブランドというものは、地道にファンを作っていくことだと思うのです。

結果を出すための習慣 1

ブランドとは、お客様の評価であると同時に企業や店の「生き様」理念を実践し続けることが高い評価につながる

地元で愛される存在になろう

長く続く繁盛店になるためには、地元で愛される店になることが欠かせません。そしてお店が愛されるには、そこで働く人が地元でかわいがられる必要があります。

私がそう考えるようになったのは、東京・成増にあるモスフードサービスの1号店で働き始めた初日の出来事でした。

当時の私は21歳。創業者の櫻田慧と2人で午前7時の開店に向けて準備のため、午前5時45分に店に入って、作業をしていました。厨房機器のセッティングなど準備をひと通り終えるのに2人で1時間ほど掛かるので、気が付くと時間は開店時間15分前の午前6時45分になっていました。

早朝からの仕事ですから、私は15分でも休めるのがうれしかったのですが、櫻田は「ちょっと表へ行くぞ」と言って、店のシャッターを開け、私を外に連れ出しました。

そして、「道路を見てごらん?」と言った後、さらに「お前、どう思う?」と尋ねてきました。

道路を見てみると、タバコの吸い殻や紙コップが散らかっていて、その脇を通勤・通学の方々が歩いていました。

すると、櫻田は私に「この道をきれいにしておいた方が、皆さんが気持ちよく歩けて、いいと思わないか?」と問いかけてきました。

確かにその通りだと私も思って賛同すると、「『向こう三軒両隣』という言葉があって、自分の家と両隣の家と、その向かい側の家はご近所様で、日頃からお世話になっている。だから、感謝の気持ちを込めて、その前の道を掃除することは、昔の人たちは当たり前に行っていたことだ」と櫻田は教えてくれました。

それから、私も開店準備を終えてから、毎朝、「向こう三軒両隣」に当たる面積で10メートル四方分の道路を掃除していたのですが、1〜2カ月も続けていると、「おはようございます」とか、「あなた、若いのに毎日大変だね」と通行する方々から声を掛けられるようになりました。掃除をすることで、街の方々と自然にコミュニケーションが取れるようになっていたのです。

もちろん、そこで仲良くなったことをきっかけにお客様になってくださった方もたくさんいました。

ただ、勘違いしていただきたくないのは、営業成績を上げるためのパフォーマンスのつもりでは毛頭なかった点です。お客様になってくれるかどうかに関係なく、道を通る地域の方々がきっと喜んでくれる。それが、うれしいといった純粋な気持ちがないと、そもそも続けられません。でも、だからこそ毎日続けていると充実感を得られたり、誇らしい気持ちになれたりするのです。

しばらくすると、地域の商店街の方々も、それぞれ店の前を掃除するようになって、私たちの店がある成増の駅前の商店街はいつもきれいだという評判が広まりました。近隣の商店街の方々が視察に訪れるようになったほどです。

私たちの取り組みがきっかけで、地元の商店街の評価が高まったというのは、とてもうれしかったことを覚えています。

今も、開店準備の際に地域清掃をすることは、「朝課」と名付けて、「モスバーガー」の各店で活動しています。ただし、全店に課せられた義務というわけではありません。

お客様や社員と同様に地域社会も大切にする

当社には、お客様に「幸せ」をお届けし、地域社会から信頼されるお店を作るという経営理念があり、それを「人間貢献・社会貢献」と呼んでいます。その理念を実現するための当たり前のこととして、取り組んできました。

実は、櫻田が開店準備の際に掃除をするようになったのは、私がモスフードサービスで働き始める前、創業から5～6日目のことだったそうです。

そもそもは、櫻田が以前、証券会社に勤めていた頃にお世話になっていた浅草にあるトンカツ店の女将の影響です。何でもその女将は櫻田が飲食店を始めたと聞いて、わざわざ見に来て、「真剣に商売をやっているなら、きちんと毎朝、これから商売をさせていただく感謝の気持ちを持って、周囲のお掃除をしなさい」とか、「夏は打ち水をして、店の前を通るたくさんの人に喜んでもらわないとダメよ」「あなたは笑顔が足りない」などと諭していったそうです。

もともと、証券会社の人間で、飲食店経営のド素人だったからこそ、女将さんに言われた地域への感謝の気持ちを素直に理解し、実践できたのだと思います。私も店長時代に心がけていたのが、店がある商店街の他店で食事をすること。新規出店をしたら、その商店街にある店は、いわば、その街の先輩。訪れて、食事やお茶をすることで、顔なじみになることは、当然の礼儀だと考えていました。

お客様や社員、仕入れ先や株主はもちろん大切ですが、それと同じように地域社会にも支えられていることを忘れないこと。そうすれば地域の方々に応援されて、自然にお客様は増えていくはずです。

結果を出すための習慣 2

商売ができるのは、
その地域の方々のおかげ
お客様や社員と同様に
地域社会も大切にすること
掃除や、地域の店を利用するなど
できることを考えてみよう

大きな相手を倒すためにどう立ち回るかを考えよう

飲食店同士の競合というのは、相撲に似ていると思っています。

ご存じのとおり、相撲の世界は、身長や体重の違いを考慮したりはしません。いわゆる「ガチンコ（真剣勝負）」です。

その中で、最強の存在はもちろん横綱ですが、横綱も格下に負けることは珍しくはないわけです。強い者が絶対に勝つわけではない。体が小さくても、大きい相手を倒すために、土俵の中で、どう立ち回るかを考えて、自分に最適な戦い方を考える。企業のマーケティング戦略と同じですよね。

私たちハンバーガー業界の横綱といえば、無論、マクドナルド。効率的に生産し、それを販売する洗練された仕組みを持っています。厨房の生産能力の高さは、ある意味、工場のようです。本当にすごいと思っています。

だから、同じことをまねしては絶対に勝てない。当社の創業者、櫻田慧もそう思ったはずです。

それにまねでは絶対にオリジナルを超えることはできません。そうやって自分たちの立ち位置を明確にしてみると、何をすべきかが分かってくるものです。

効率よく生産することを目指してもかなわないのですから、生産性が悪くてもハンバーガーを一つひとつ手作りすることを選ばざるを得ない。しかし、その結果、出来たてを提供できるのですから、野菜を多く入れられるし、ソースをたっぷりと使ったジューシーな食感も出せるといった様々な工夫の余地が生まれました。

そうやって開発された「モスバーガー」は43年もの間ずっと人気ナンバーワンの商品です。翌年に生まれた「テリヤキバーガー」も42年間、トップ3に入っています。

日本人は汁もののようなウエットな食感を好みますから、その好みにあったオリジナルのハンバーガーを作り出したことによって、既存のハンバーガーと一線を引いたことが、後々まで当社の強みとなっているわけです。

ちなみに創業期の原価率は55％くらいだったと記憶しています。その分、人件費の比率は低かったのですが、そこは創業メンバーですから、人の2倍働くという企業努力で、抑えていました。

現在もモスバーガー各店の原価率は、およそ40％近くで、外食チェーンとしてはかなり高い水準です。「原価を掛けているね」とおっしゃるお客様はいませんが、価値がある商品かどうかには敏感です。

食べてみて「すごいソースだね」とか、「この肉はちょっとほかの店とは違うね」とか。モスが使う野菜は、できるだけ農薬や化学肥料に頼らない方法で栽培されたものであることも次第に周知され、370円でも「モスバーガー」にお値打ち感を持っていただけるわけです。

もっともお客様は飲食代金が高いか安いかを、単品の価格だけで評価するのではありません。例えば、この店で900円を支払うことがお値打ちかどうかで考えるのですから、その評価に占める商品自体の比率は6割程度。あとの4割はスタッフの人柄とか、店の雰囲気とか、清潔感とかではないかと思っています。

大切なのは全体で考えることですから、原価を積み上げて、100円の原価が掛かったから、原価率を30%台に抑えるために300円で売るといったプロダクトアウト（売り手の都合を中心に考える発想）は絶対に避けなければいけません。マーケットイン（消費者の気持ちになって売り方を考える発想）でトータルに考えることが大切になってきます。

では、お客様の評価をどうやって事前に予測して商品開発をするのかですが、商品の値付けについては社内・社外のモニターをもちろん活用していますが。ただし、あくまで参考です。

お客様の喜ぶ顔が浮かぶなら、その商品は売れる

私の経験から、一番頼りになるのは、商品を喜んで食べてくださるお客様の姿が頭の中に、スムーズに浮かぶかどうかです。

男性か女性か、年齢やどんな目的で来店したお客様に、どんなシーンでその商品を食べていただきたいのか、その狙いが明確で、その喜ぶ姿が簡単にイメージできる商品は、よく売れます。一方で、世間のトレンドとか、いろいろな調査データを根拠に売れそうな商品を作ろうとしても、あまり効果はないというのが、現実です。

モスバーガーでは2013年の春、2大看板商品の「モスバーガー」と「テリヤキバーガー」を6年ぶりに全面改良しました。パティ1つとっても100種類以上のサンプルを作って、126番目でやっと納得のいくものに仕上がりました。それを食べたときは、お客様の喜ぶ顔がすっとイメージできましたし、実際に結果も好評です。

結果を出すための習慣

3

商品開発では
売り手の都合から考える発想は
絶対に避けること
逆に、お客様の喜ぶ顔が
頭に浮かぶ商品は売れる

業績不振の店を立て直すときの心構え

「業績が悪い」といっても、いろいろなパターンが考えられます。事業計画で定めた売り上げ目標に比べて、進捗率が低いのか。あるいは、売り上げが落ち込んでいるのか、コストがかさんで利益が出ていないのか。ケース・バイ・ケースで、当然ながら対策も異なってきます。

一番悪いのは「自分の努力が足りない」、あるいは「スタッフたちのやる気が足りない」などといった形で、業績不振の本当の原因を考えず、安易な精神論で乗り切ろうとすることです。

仮に月間の売り上げが500万円あったとして、もっと増やしたいと考えたとしましょう。1カ月の売り上げというのは28〜31日間の累積であり、朝や昼、夜といった時間帯に分けられます。そうやって細分化して問題点は何かを分析し、解決策を考えることが重要です。

私の店長時代にも、ランチタイムの来店客に対して商品提供が間に合わず、お客様がレジ前の行列に並ぶのを諦めるといった機会ロスが生じることがありました。ランチタイムに商品をスピーディーに提供するには、その前の午前7～11時までの4時間を担当する2人のスタッフが通常の営業を行いながらトマトやレタス、オニオン、チーズなどハンバーガーに使う具材の仕込み作業をしておく必要がありました。

そこで午前7～11時までの時間帯の毎日の売り上げの過去3年分を調べて、そこからその時間帯の最低限達成してもらわなければならない売り上げ目標を作り、同時に仕込みの作業もランチタイムの作業が滞らないようにするために必要な分だけしてもらうことにしました。

なぜ時間帯を切り分けて、最低限の売り上げ目標を作ったのかといえば、その時間帯のスタッフが仕込み作業に集中し、料理提供や接客がおろそかになっては困るからです。

同時に、仕込みの作業量も決めてあるので、その作業量をこなせない曜日のスタッフたちの作業手順には何らかの改善の余地があることが分かるというわけです。あとは、ほかの曜日の同じ時間帯に目標を達成しているスタッフが実践している作業のコツを教えてあげれば、問題は解決します。

問題点を発見したら、問題解決後の目標を設定する「プランニング」と、具体的な目標達成のための手段を決める「プログラム」と、いつまでに何をするか締め切りを決める「スケジュール」の3つを考えることが大切です。

今回のケースに例えれば、商品提供が滞り、ランチタイムの機会ロスを無くすのが「プランニング」。曜日・時間帯別の売り上げを分析し、必要な作業量を伝え、問題がある場合には指導するというのが「プログラム」。その趣旨を説明し、ランチタイムに間に合うようにスタッフたちに仕込みを終えてもらうのが、「スケジュール」ということになります。

もちろん、経営改善の手法としては「PDCA」(『P』は『Plan(計画)』、

『D』は『Do（実行）』、『C』は『Check（評価）』、『A』は『Action（改善）』を意味する）という視点も大切です。結果を検証し、改善を続けるという取り組みが欠かせません。

ちなみに、業績が悪い店は総じて原価率が高くなりがちです。これは商品をうまく作れないために出てくる食材ロスや棚卸しの管理が甘いことによる在庫食材の賞味期限切れなどから生じるものです。

お客様の方向を見て、お見送りのご挨拶を

私はスーパーバイザー時代に、食材を収納する倉庫を見ると、その店の状態がすぐ分かるようになりました。業績の良い店は在庫の管理がしっかりしているので棚卸しもすぐ終わり、整理整頓も行き届いているので作業効率が高い。必然的に人件費も少なくて済みます。業績の悪い店は、この逆です。こうした側面から店を見直してみることも大切です。

最後に私がまだ入社して間もない頃、創業メンバーの1人である吉野祥さんに

◎業績不振の店を、立て直すには

業績不振の理由は何か？
精神論に陥ることなく、
様々な視点から分析すること

問題点を発見したら、
問題解決後の目標を設定し、
具体的な**改善手段**と、
達成までの**スケジュール**を決めること

長期的には、店での**良い思い出作り**が
リピート客増加には欠かせない。
その努力を続けること

お見送りの挨拶時に
振り返ってもらえるお客が増えれば、
リピート客も増える。
分かりやすい目安になるので、
意識してみよう

「お帰りのお客様への『ありがとうございました』をもっと真剣に言いなさい」と厳しく叱られたことがあります。私が厨房でフライヤーの作業をしながら、お見送りのご挨拶をしたときに、お客様の方を向いていなかったというのが、その理由でした。

確かにフライヤーでの作業を数秒間だけやめて、お客様の方を向いて「ありがとうございました」とお伝えするだけで、声の響き方がまるで違って、とても良い印象を与えます。挨拶だけではありませんが、お客様は店で気持ちの良い応対をされることで、その体験が良い思い出として残るから、また来店してくださるのです。

その分かりやすい目安となるのが、お見送りのご挨拶をしたときに、お客様が振り返ってくださるかどうかです。確実に店が良くなっていきますので、ぜひ、意識して挨拶するようにしてみてください。

結果を出すための習慣 4

一番悪いのは「自分の努力が足りない」といった安易な精神論
問題点を細分化して考え解決策を考えること

飲食店の海外出店私が考える成功の条件

海外展開を目指す飲食店が非常に増えています。

確かに非常に成功している会社もあると聞きますし、それ自体は喜ばしいことだと思います。ただ、海外への出店を考えるときに、その動機が大きく2つに分かれているのではないか、という部分で少し気になっています。

まず、1つめの考え方というのは、現状認識が日本の市場はもはや、飲食店同士の過剰競争や少子高齢化による人口減少などもあり、成長が見込めず、じり貧になる。だから、海外に出ようという発想です。簡単に言ってしまえば、日本はもうダメだから、海外に活路を見いだそうということです。

もう1つの考え方は、日本での商売の先行きにはある程度の自信を持ってはいるものの、経済発展が著しいアジアの国・地域などに、大きな市場が生まれる可能性が高い。だから、一刻も早く布石を打っておきたいという考え方です。

もしも前者で海外への出店を考えているなら、国内事業の不安要素を取り除くことが先決だと思います。そうしないと、海外事業を軌道に乗せるまで、腰を入れて取り組むこともできないからです。

そのうえでの話になりますが、私の海外勤務時代の「失敗談」を通して、海外での事業展開に大切だと私が考えていることを、ご紹介したいと思います。

私が海外事業を担当する部長として、台湾に現地資本と共に設立した合弁会社の日本側代表として、台湾に赴任したのは１９９０年。今から25年前のことです。

それまでの私は、直営店を統括する部長などを任され、相応の実績を出しているる自負もありました。何で今さら海外で、何も知らない相手にハンバーガーの作り方や売り方をイチから教えなければならないのか、と少し不満を持っていたのは事実です。今、振り返れば、大変恥ずかしい思い上がりです。

そうした気持ちは自然と相手に伝わるものです。転機が訪れたのは、赴任から

10カ月目のことでした。何人かのスタッフと食事会をしているときに、ある女性スタッフから、「あなたからは私たちや台湾への愛が感じられない」と涙ながらに訴えられたのです。

海外でも日本でも大切なことは同じ

私が台湾の方々の生活や歴史・文化、気候や風土といったことを学ぼうともせず、日本のモスバーガーのやり方を押しつけようとしている。その前に、もっと台湾を知るべきではないですか、というのが彼女の指摘です。

私は彼女の話を通訳の方を介して聞いていたのですが、こんな大切な話を通訳抜きでは理解できないというのは、おかしい。台湾の方々とのコミュニケーションの取り方を間違えていたことに気付きました。

以来、独学で中国語を学び、1年ほどたった頃には、大抵の話は中国語で話せるようになっていました。

特に役立ったのは、テレビです。日本語放送は一切見ないで、ずっと中国語の放送を見ていました。台湾のテレビ番組では出演者たちの会話に合わせて、中国語の字幕が入ります。それで中国語の発音などを覚えていきました。もちろん、同じ漢字を使う文化圏ですから筆談が役に立ったことは言うまでもありません。

私が必死に中国語を覚えようとし始めると、周りの態度も変わってきました。「自分たちに日本語を教えてほしい」と言ってくれたのです。

そこで、日本語を教えることにしました。その中で思わぬ出来事もありました。例えば、日本語ではなぜストローを数えるときに「1本《いっぽん》」「2本《にほん》」「3本《さんぼん》」と「本」の読み方が変わるのか、など当たり前過ぎて考えたこともないポイントを問われたのです。答えに困ったことを覚えています。そうしたやり取りをする頃には、お互いに信頼関係が生まれていますから、とてもコミュニケーションを取りやすくなっていました。

もっとも、中国語が話せるようになったから、現地でのコミュニケーションが円滑になったわけではないでしょう。大切なのは、中国語を覚えようとする姿から、台湾やみんなのことをもっと知りたいと思っている私の気持ちが、周囲に伝わったことです。だからこそ、みんなも私の話を聞いてみようと思ってくれたのだと感じます。

「あの人の言うことなら聞こう」と周囲から思ってもらえる人間関係。周りの人に「聞く耳」を持ってもらえる関係を築くことの大切さを、この本の中でも何回かお話ししてきました。しかし、私自身が台湾ではそうした関係を作ることに最初は失敗し、途中で過ちに気が付いたというわけです。

私は5年間ほど台湾で働き、日本に戻りました。今では「モスバーガー」は台湾に238店舗（2015年3月31日現在）を展開しています。ここまでの成長を遂げたのも、現地の方々との信頼関係をずっと大切にしてきたからなのは間違いありません。

結果を出すための習慣 5

海外でも日本でも大切なのは
一緒に働く人々が
リーダーの話を聞こう
と思ってくれる信頼関係を作れるかどうか
大切なのは、店を出した国・地域の人々の
考え方や文化を学ぶ気持ちを持つこと

ユニークで売れる商品を作るために欠かせないこと

モスフードサービスの創業者、櫻田慧は午後から新商品を試食する日でも、普段通りに昼食を済ませていました。

空腹の状態だと、何を食べてもおいしいと感じてしまうので、試食の前でも普通に食事をしておく。そうすることで味、価格、見栄えなどのバランスが合っているかを客観的に判断できる。そう考えたわけです。全くその通りで、私も実践しています。

そして、もう1つ大切なのが、日頃から様々な店で外食をすること。和洋中、いろいろな業態の店を回ることです。客単価も1人300円くらいのところから、そんなに頻繁には行けないかもしれませんが、1人1万円を超えるような高級店まで含めて、バランスよく視察をしなければいけません。櫻田慧も、メディアで取り上げられた話題店をよく知っていて、必ず視察していました。一見、当社の事業であるハンバーガーとは関係ない業態であってもです。

私たちは飲食業で働いているのですから、そもそも食べ物への好奇心は貪欲であるべきでしょう。いろいろな価格帯の業種・業態を視察することで、味についての感覚が研ぎ澄まされるのだと思います。舌で味わうものですから、「ベロメーター」と社内では冗談で例えています（笑）。

同じ300円くらいのソバを提供している立ち食いソバの人気店であっても2カ所を比べてみると、片方はだしをこだわって取っている。もう一方は、提供スピードと量で勝負している。その結果、客層も違ってくるといったことが分かること自体が勉強になります。

同じように、高級店でもこれで1人1万円なら「高いな」とか「お値打ちだ」とか、あるいは、「なぜ、こんなにおいしいのだろう」と考えること自体が、商品開発のヒントになります。各ジャンルの一流の料理を体験しておくことで、あの店の料理の味を、当社ならどうすれば再現できるだろうと考えられるからです。例えば、「モスバーガー」で販売する北海道産コーンを使用した「コーンスープ」（290円）などは、レストランで提供されているものと同じ価値があると自負していますが、それも一流店を研究した成果だと思います。

家庭で作れない料理とは、作るのが大変な料理

独創的な商品を作るために、商品開発で心掛けていることは大きく2つあります。

まず1つは、家庭では作れないくらい、手間を掛けること。もう1つは、今まで見たことのない料理を作ることです。

家庭で食べる量というのは、少量ですから、例えば、そのためだけにわざわざ丁寧にだしを取るといった作業は難しい。その点、私たちはある程度の量をまとめて作れますから、だしに時間もコストも掛けることができます。家庭ではできない手間を掛けられるわけです。

そして、これまでに見たことがない商品を提供することは、創業期の「モスバーガー」や「テリヤキバーガー」が代表例です。ソースを豊富に使ったハンバーガーはそれまで無かったうえに、さらに野菜もたくさん入っている。そうした驚きが、店のブランドになっていくのだと思っています。

最近では地域の名産品を使った商品が挙げられます。例えば、期間限定で販売していたご当地バーガーで北海道・東北限定の「南部どりザンギバーガー」（340円）。南部鶏のムネ肉を、オリジナルのタレに漬け込み、カラッと揚げて北海道名物・ザンギにしたチキンバーガーです。こうしたご当地バーガーは、それぞれの地域でもとても好評でした。

その地域の名産品を使うと喜ばれるのは、食材としては見慣れたものでも、商品としては今までに見たことのないものが提供されるからだと考えています。見慣れた食材を見たことのない商品に加工する。その加工料としてお客様は対価を支払っているというわけです。

当社のようなチェーンでは、商品は最終的に加工工場で下ごしらえをした状態で、各店に送られる仕組みになっています。

商品開発の部署には13人のスタッフがいるのですが、彼ら彼女たちには、商品開発の段階では、加工工場で本当に作れるかは考えるなと厳命しています。

また、商品開発の担当者たち自身が納得のできるものを私の前に持ってくるまでは、何も意見を言わないようにもしています。

いろいろと制約があるとエッジの利いたものにならず、個性を失ってしまうからです。「モスバーガーでこれをお客様に食べてほしい」という熱意をストレートに示すことが、独創的な商品を作るうえでは欠かせません。

結果を出すための習慣 6

独創的な商品を作るポイントは「家庭では作れないくらい、手間を掛ける」こと「今まで見たことのない料理を作る」ことの2つ

アイデアの段階で実現可能性を気にし過ぎると良い発想は生まれない

失敗を糧に前へ進む方法

実は私はモスフードサービス（以下、モス）の社員ではなく、加盟店のオーナーとして、「モスバーガー」を経営していた時期があります。ここではその話をしたいと思います。

私がモスで、創業者である櫻田慧と共に働き始めたのは1972年。21歳の時でした。そして元々、独立開業を夢見ていた私は23歳で独立を果たします。

最初の店は、叔父でもあった櫻田のコネもあり、大学の中にある店舗でした。大学は休みの期間が長いので1年間の半分しか開いていないのですが、営業中は盛況で、経営は順調でした。ちなみに大学が休みの間は、既に雇っていた社員たちを連れてモスの直営店で働いていました。

2つめの店を出したのは、独立した翌年の76年。しかし、この店が全く売れない。

最初の1カ月間の月商こそ168万円と悪くなかったのですが、次第に業績が悪化して、一番悪い時には月商60万円くらいにまで落ち込みました。最初の店はしっかり利益を出しているのですが、その利益をもう1つの店の赤字が吸収してしまうので、寝る間も惜しんで働いているのに手元に利益が残らない。

考えた末に私は店を手放し、モスで再び働くことを選びました。新たな仕事は直営店の店長です。私と行動を共にしたいと言ってくれた私の会社の社員1人も一緒にモスに入社しました。

反省すべき点は、自分が一生懸命にやればどんな悪立地でも必ずうまくいくという過信があったことです。立地についてきちんと調査することの大切さを、身をもって知りました。オーナーから社員への逆戻りですから、普通に考えれば挫折感にさいなまれたり、将来を悲観してやる気を失ったりといったことはなかったのかと思うかもしれません。

しかし、私はそうした感情は全く湧きませんでした。店長の仕事は非常に楽しく、後にSV（スーパーバイザー）として加盟店のオーナーに指導をする立場になってからは、自分自身がオーナーとして店を経営した経験は非常に役に立ちました。オーナーたちの気持ちが本当によく分かるからです。

当時は業績不振店のテコ入れ策として、特に有効だったのが営業時間の延長でした。例えば朝の10時開店で21時閉店なら、終電が終わる時間帯の深夜25時くらいまで営業時間を延ばすと、かなりの増収効果が見込めました。しかし、不振店のオーナーの中には、半信半疑なのか、なかなか営業時間の延長を決断してくれない方もいます。

そこで、「決心がつかないなら、21時から4時間店を貸してください。私が営業して粗利の半分をお渡ししますので、もう半分はいただきます」という提案が、私が説得時に使う決め台詞でした。

そこまで言うと、その気になってくださるケースが多く、中には売り上げを前年の2倍に伸ばした方もいました。その頃の「モスバーガー」はソフトクリームが売れない冬場は弱かったのですが、その冬場から営業時間を延長しておくと、夏になる頃には、夜遅くまで店が開いていることがお客様にも周知されているので、一気に売り上げが伸びるというわけです。

オーナーの方々にも喜ばれ、自分も達成感があってSVの仕事は本当に楽しかった。そのため、また独立開業をしようという気持ちが芽生えることは、その後ありませんでした。

物事の9割は思い通りにならない

私の考えでは、人生は（1）「仕事」と（2）「家庭」と（3）「個人」という3つのファクターで成り立っています。独身者でも両親・兄弟との関係という意味での「家庭」はあり、「個人」には1人の人間としてどうありたいかという意味が込められています。

そして3つとも自分の思い通りにいくのは、全体の1割程度の事柄だけではないかと思っています。成功の可能性を高めるには、人から学んだり、綿密な計画を立てたりするしかないのですが、入念に準備してもダメな時もある。うまくい

◎櫻田流「失敗を糧に成長する方法」

何らかの失敗や挫折から**立ち直れない**のは、
物事がうまくいくと**勝手に信じている**から

後ろ向きの考えに捉われて、
新しいことに挑戦しないのは**当人にとって無益**

物事の9割は思い通りにはならないという
前提で物事を考えるべき

ただし、**経験**を積むことで、思い通りに
物事が進む**可能性を高めることはできる**

大切なのは失敗や挫折から学び、
次は同じことを繰り返さないこと
前向きな気持ちで
人生や仕事を楽しむことができる

かないことが当たり前にあり得るし、思い通りに物事が進む可能性を高めるには経験を積んで、様々な可能性に対処できる「引き出し」を増やすしかありません。失敗や挫折も起こり得る想定の範囲内と捉えられれば、ダメなら次にできることをするだけの話だということになります。

ですから、私は自分の店を閉めたことも良い経験を積んだと考え、ネガティブに捉えなかったことで、すぐに新しい仕事に前向きに取り組めました。17歳で父親を亡くし、その後、ずっと家計を助けるために働いていた経験から、普通の若者よりは社会人経験も長く、達観していたという部分もあったと思います。私の経験は珍しい例かもしれませんが、何かで挫折し、暗い気持ちになっていても仕方がないというのは事実でしょう。

楽しい人生や仕事があるわけではなく、自分で楽しくしていくしかない。そうした心構えが、失敗さえも糧に成長していくうえで大切だと私は思っています。

結果を出すための習慣 7

人生には
①「仕事」
②「家庭」
③「個人」
という3つのファクターがある
思い通りに行くのは、その1割程度
失敗したらそこから学び
前向きな気持ちで人生や仕事を楽しむべき

時代の変化に乗り遅れない方法

常識というのは、結構、簡単に変わります。

例えば、昔はアイスコーヒーを冬に飲食店が売ることはありませんでした。ところが、今は当たり前に売られていますよね。

以前は「夏はアイスコーヒー、冬はホットコーヒー」という固定観念がみんなの頭の中にもあったからです。それが、家庭や飲食店で暖房設備が整うのに伴って、いつの間にか、冬もアイスコーヒーを楽しむのが普通になっています。

そうした事実を踏まえると、常に、どんなシーンの中で、料理やドリンクを楽しむかをイメージして、より良い提案をし続けていかないと、時代に取り残されてしまうことが分かるはずです。

店の利用シーンを提案するという意味では、ライフスタイルも変わってきています。

明らかに、世の中は「朝型社会」になってきました。そう指摘すると、高齢者が増えて早朝から起きているからだと思うかもしれませんが、そうではありません。社会全体の変化だと感じています。

例えば、当社の本社オフィスから最寄りの駅も朝の7時過ぎには、かなりの人がオフィスに向かって歩いています。

これは大きな変化で、2014年4月から「モスバーガー」も原則として朝7時にお客様を迎えられるよう、開店時間を早めました。もっとも、後3年もしたら、朝6時から食事をするお客様も珍しくなくなるのではないかと感じています。

一方で、繁華街を夜の23時や24時に歩いている人は本当に減っていると感じます。これは夜遅くまで飲み歩くという人が少なくなっているためです。その背景には、昔のように上司や同僚の手前、仕事が無くても帰りづらいという理由で残業することがなくなり、仕事を早く終えたら早く帰るということが当然になってきた流れも大きいと思います。

夜帰る時間が早くなれば、必然的に朝、動き出す時間も早くなるということではないでしょうか。ちなみに、随分と昔の話ですが、飲食店が夜の20時や21時には店を閉めていた時代に、これからは「夜型社会」になると考え、当チェーンでもいち早く深夜帯まで店舗の営業時間を延ばしました。それが今では、夜間の営業時間を見直す方向に当チェーンも動いています。本当に世の中は変われば変わるものです。

営業時間を見直すだけでなく、メニュー構成も見直しています。

朝型社会への変化を捉えて「おはよう朝モス」の名称で、時間帯を限定して朝専用メニューについて140円でドリンクをセットにできるサービスを行っています（最初からドリンクが付くメニューは除く）。

中でも、しっかりとした朝食を食べていただきたいと始めたのが「モスの朝ライスバーガー朝御膳」。これは、ライスバーガーに具だくさんの豚汁と漬物をセットにしたものです。

朝以外にも、色々と工夫をしています。ハンバーガーといえば、肉を連想しがちですが、14年4月から5月末までの期間限定で、「テリヤキバーガー コーンの香ばし揚げ」（380円）からパティを除いた「ベジテリヤキバーガー コーンの香ばし揚げ」（270円）も発売しました。

1人でも多くの人に会って話そう

パティが入っていないので価格も安く、具材はコーンがメーンです。当チェーンで随時、各地の地方都市でお客様と交流するモスバーガータウンミーティングを定期的に開催していますが、そこに参加していただいた女性客の方たちから「モスのテリヤキバーガーも好きだけど、もっと野菜を食べたいから、野菜だけのハンバーガーを作ってください」というご意見を頂いたのが、きっかけでした。

野菜だけのハンバーガーというのは、従来のハンバーガーの延長線上からは決して生まれないものです。しかし、大事なのは、お客様に喜んでいただくことで、既存の商品に捉われることは意味がありません。

もちろん、新商品1つで多様な来店動機を持つお客様のすべてを満足させられるはずもありませんから、様々なお客様の声を聞いて、それぞれの利用シーンに応じた商品を開発することが大切です。

では、その様々な利用動機に合った商品を開発するために何が必要かといえば、たくさんの人に会って、その意見を聞くしかないと思っています。「書を捨てよ、町に出よう」という言葉ではありませんが、お客様、仕入れ先、当社なら店のファンでもある個人株主の方々などに1人でも多く会って、ヒントをもらうことが大切だと思っています。

結果を出すための習慣 8

社会は絶えず変化し
過去の常識は通じない
時代の変化を知るには
多くの人と会って刺激を受け
その変化を感じるように
意識することが大切

出典

本書は日経レストランの2013年7月号から15年8月号までに掲載されたモスフードサービスの会長兼社長、櫻田厚氏の連載「人間力の経営」に加筆修正を加えたものです。

著者略歴

櫻田厚（さくらだ・あつし）

1951年、東京都生まれ。72年に叔父（創業者・櫻田慧）の誘いで、モスフードサービスの創業に参画。94年に取締役海外事業部長に就任。その後、東日本営業部長などを歴任し、98年に社長に就任。店舗数は1405店（2015年3月末）、売上高は663億1000万円（15年3月期）。14年より会長も兼務。日本フードサービス協会会長（14年5月〜）

モスバーガー流
結果を出す
リーダーの習慣

2015年9月24日　第1版第1刷発行

著者
櫻田 厚

編集
日経レストラン

発行者
杉山俊幸

発行
日経BP社

発売
日経BPマーケティング
〒108-8646 東京都港区白金1-17-3

装幀
坂川朱音（坂川事務所）

制作
SONICBANG CO.,

写真
菅野勝男

印刷・製本
図書印刷

ISBN978-4-8222-7349-1